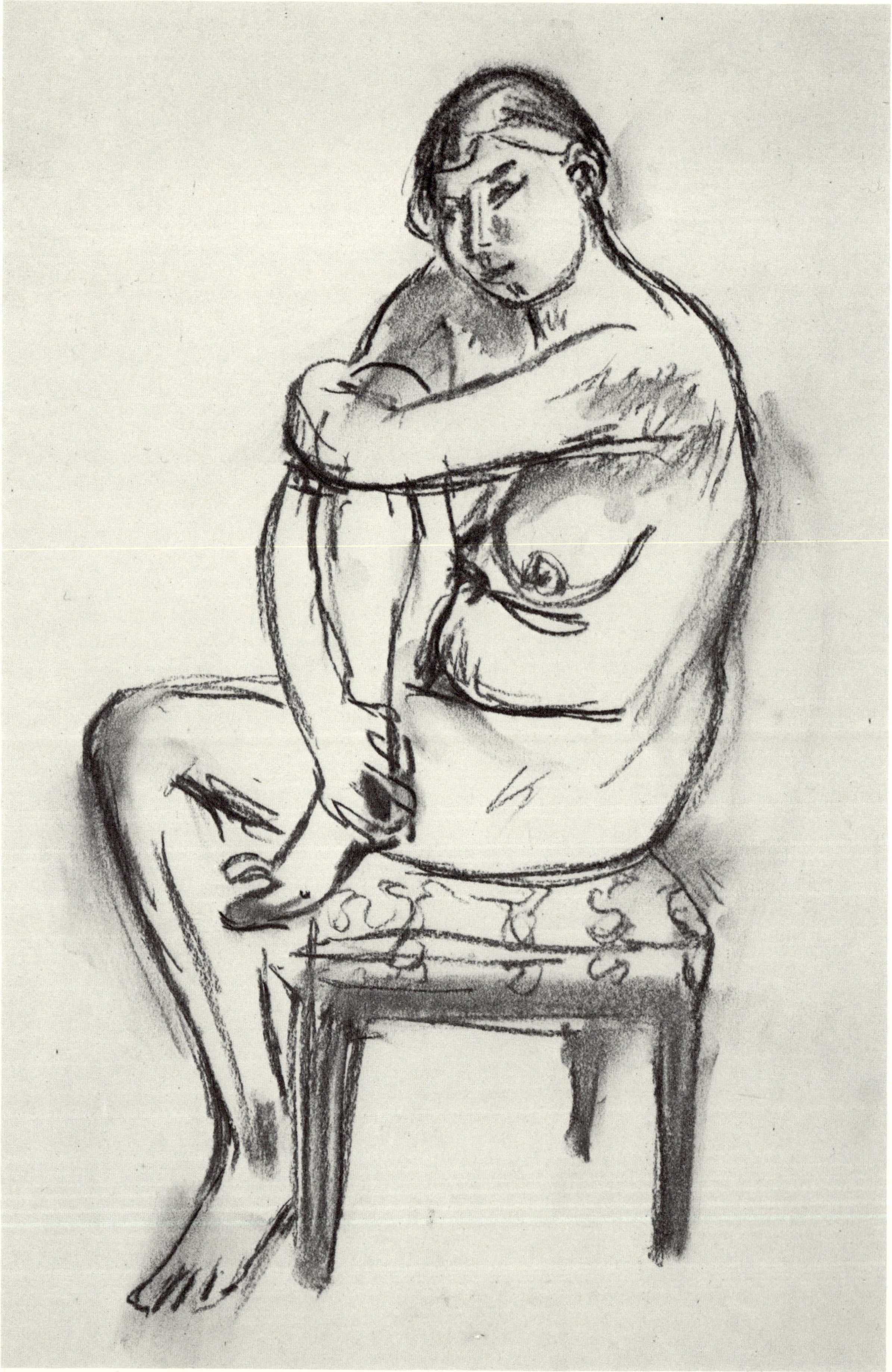

Hildi Hess

Mit Texten von
Dorothea Christ und
Friedrich Dürrenmatt
Herausgegeben von
Daniel Keel

Diogenes

Die Texte von Dorothea Christ und Friedrich Dürrenmatt wurden im Sommer 1981 eigens für dieses Buch verfaßt.

Fotos: Joël von Allmen, Hans H. Baer, Alexandre Cottet, Walter Dräyer, Peter Grünert, Willi Eidenbenz, Ingeborg Heise, Hugo Herdeg, Walter Herdeg, Andrea Schmid, Caspar Schmid, Roland Schöni, Susanne Suter, Nicole Viaux, Trudi Wagner

20/91/5/2
ISBN 3 257 00308 0

HILDI HESS

von Dorothea Christ

Gewisse Zürcher Waschhäuslein in der Gegend von Hottingen spielen in der neueren Schweizer Kunst eine Rolle. Vom Waschhäuslein seines Hauses an der Eidmattstraße ließ sich 1888 Arnold Böcklin inspirieren; das nützliche Gebäude enthielt eine Brunnenmaske, aus der unablässig frisches Wasser rann. Nach Adolf Frey hat dieser tägliche Anblick dem Lebensbrunnen im Zentrum von Böcklins ›Vita Somnium Breve‹ zur Bildgestalt verholfen. Das Waschhäuslein an der Eidmattstraße ist längst verschwunden; das Atelier, in welchem Böcklin dies Gemälde schuf, steht in großer Gefahr, demnächst auch zu verschwinden.

Dagegen hat sich an der Freiensteinstraße, einem unscheinbaren Quartierkanälchen zwischen Freiestraße und Plattenstraße hinter dem Haus Nr. 5 noch heute ein Waschhäuslein des neunzehnten Jahrhunderts erhalten. Es wird darin allerdings nicht mehr gelaugt und gewalkt, jedoch geknetet und gezeichnet. Nasse Tücher sind dort noch immer im Gebrauch, sie schützen Tonfiguren vor dem Austrocknen. Dies Waschhäuslein ist das Atelier der Bildhauerin Hildi Hess.

Der Kanton Zürich als Besitzer der Liegenschaft verspürt verdienstlicherweise vorerst keinen Drang, das Areal zeitgemäß und geschäftstüchtig zu nutzen, abzureißen und aus einem so nützlichen Gebäude wie einem alten Waschhaus etwa Garagen oder ähnliches zu gewinnen. Für eine Bildhauerin, die während bald fünf Jahrzehnten in Zürich arbeitet, mögliche und unmögliche Werkräume benutzte, vor einiger Zeit ein jahrzehntelang gemietetes Atelier aufgeben mußte, weil ihr gekündigt wurde, bedeutet so ein Glücksfall die Rettung. Die Arbeitsstätte, zu Fuß erreichbar, genügend Licht und Raum bietend, Modellen und Schülern nicht zu weit abgelegen, ist für eine Künstlerin wie Hildi Hess lebenswichtig. Wichtiger als die Wohnung.

Daß das zum Atelier umfunktionierte Waschhäuslein mit seinem Fachwerk, dem verwilderten Stadtgärtchen, der Bank auf dem gekiesten Vorplatz den Inselcharme einer noch wunderbarerweise verschonten Stadtidylle ausstrahlt, erhöht seinen Reiz. Für die Künstlerin ist aber ausschlaggebend, daß genügend Raum zum Arbeiten da ist. Tritt der Besucher durch die meist unverschlossene Tür, so steht er im düstern kleinen Vorraum mit Wassertrog, gestapeltem Gerät und Material, mit Abstelltischen, auf denen sich, wie schlafende Geister in Tücher und Folien verpackt, die angefangenen Tonfiguren reihen. Im großen Arbeitsraum daneben, spartanisch eingerichtet, mit einem öfters streikenden Ofen gemäßigt beheizbar, stehen die Drehböcke, lehnt eine Batterie von Vergrößerungszirkeln an der getünchten Wand; Mappen, gefüllt mit Zeichnungen, sind da; die Schubladen einer alten Kommode funktionieren als Papierlager, die Drehbank steht bereit, und als karges Mobiliar zwei Stühle und ein Höcker – jene Sitzgelegenheiten, die Hildi Hess ab und zu in ihre Figurenkompositionen einbezieht. Die ramponierte Couch dient mehr als Abstellfläche und als Kleiderablage für die Modelle denn als Erholungsinstrument. Auf Regalen und Fensterbrettern, auf der frei aus dem Arbeitsraum in die Winde führenden Holztreppe reihen sich Dutzende von Gipsen: Köpfe, Figuren, Bozzetti, Bronzegüsse. Im Dachboden über dem Eingangsraum – welch ein Glück, ein solches Depot zu besitzen! – drängen sie sich, teilweise zerlegt, in Scharen. Es sind die geretteten, nicht zerstörten, nicht verloren gegangenen Originalgüsse, Zeugnisse einer langen, produktiven Schaffenszeit, Jahrringe eines Bildhauerlebens im gesamten genommen, faszinierende Lebewesen im einzelnen betrachtet. Unter der Treppe, die wie eine Jakobsleiter, bestückt von Tritt zu Tritt mit den Geschöpfen des Künstlers, zum Dachhimmel hinaufführt, lastet auf dem alten, gipsverfleckten Holzriemenboden die Schatzkiste. Auf ihr hockt die Besitzerin, bildlich gesprochen, wie der wahre Geizkragen und gibt nichts daraus her: die mit Blech ausgeschlagene Deckelholzkiste mit dem Pariser Ton.

»Pariser Ton« ist für den Plastiker, der in der französischen Tradition des Modellierens steht, ein wunderbares Arbeitsmaterial, ein Komfort, eine Inspiration, wie dem Rennfahrer ein erstklassiger Wagen. Für Hildi Hess ist das Faß Pariser Ton, das sie sich vor Jahrzehnten unter Überwindung von viel Zoll- und Transportschwierigkeiten nach Zürich kommen ließ, zum großen Aussteuergut ihres Werkstattbetriebes geworden. Von den Qualitäten dieses Materials, das die Modelleure lieben und das Maillol mit dem abschätzigen Ausdruck »cette merde de Paris« abtat (weil seine Arbeitsweise spröderes, trockeneres Material verlangte), spricht Hildi Hess mit feuriger Begeisterung. Dem Ahnungslosesten muß klarwerden, daß neben dieser Knetmasse der weniger fette Zürcher Ton eine Plage ist bei der Arbeit, Margarine statt Butter, Saccharin statt Zucker. Für Hildi Hess' Hände ist das Formen mit Pariser Ton die Belohnung für die ungeliebte Konstruktionsarbeit beim Errichten der Figuren-Skelette. Der Gestellbau mit Eisenstäben, Draht, Holzstücken, das Basteln mit Flach- und Beißzange, Lötkolben und Hammer – das bedeutet für Hildi Hess das Absolvieren einer mühseligen, notwendigen Vorarbeit, die Erfüllung einer heiklen Disziplinaufgabe, deren Mißlingen die Figur ruinieren kann, bevor noch der erste Tonauftrag den Körper anlegt. Das Modellieren in Ton ist recht eigentlich eine Kompensation für die tausend Tücken bietende Arbeit des Gestellbaus. Erstaunlicherweise! Man dürfte doch annehmen, daß eine Künstlerin, die ihre Figuren so ausgesprochen in den Raum komponiert, die ihre Körper oft mit fragilen Gegenständen kombiniert, sie auf dünnbeinige Gestelle setzt, den Halsansatz der Büsten betont vom Sockel abhebt, bis der Körper, nur von der Tragstange gehalten, zu schweben scheint – daß einem solchen Temperament das Konstruieren ein Hauptvergnügen bereiten müßte. Es präzisiert ja das Konzept des Werkes. Daß eine andere Phase der Realisierung diese Künstlerin mehr fesselt, hängt wohl mit dem Gang ihrer Ausbildung und mit ihrer künstlerischen Entwicklung zusammen.

Schon als Kind wußte Hildi Hess, daß sie Bildhauerin werden wollte. Die spärlichen Modellierstunden in der Kunstgewerbeschule Zürich, die damals nach den Grundsätzen von Direktor Altherr durchaus nicht zur Kunstschule emporgehoben werden sollte, bestärkten die Zwanzigjährige nur noch in ihrem Entschluß. Entscheidend wurde es für sie, daß sie nach anderthalb Jahren gestalterischen Grundunterrichts in Zürich, nach einem Winter in Paris mit Modellierkursen an der Grande Chaumière und an der Académie Scandinave dann 1934 ins Atelier von Germaine Richier kam. Damit fand sie sich mitten in ein Zentrum französischer Plastik-Tradition gestellt: Germaine Richier war Schülerin von Antoine Bourdelle, Bourdelle Schüler von Rodin. Rodins meisterhafte Modellierkunst, seine Technik des logischen, rational fundierten Figurenbaus, seine Auffassung von Körper, Bewegung und bildhauerischer Konzeption sind – weil sie so grundsätzlicher Natur sind und über Geschmack und Stil von Rodins eigener Epoche Spielraum bieten – für seine Schülernachkommen maßgebend geblieben. Dies Erbe vermag bis in die Gegenwart zu wirken, Hildi Hess gibt es noch heute ihren Schülern weiter.

Sie steht aber nicht nur in einer Werkstatt-Tradition, die von Rodin kommt, sondern sie hält auch in der Zielsetzung ihrer Arbeit an einer Auffassung fest, die im neunzehnten Jahrhundert verankert ist, die folglich von der Plastik des zwanzigsten Jahrhunderts fortwährend in Frage gestellt, verworfen und wiederaufgenommen wird: das figürliche Arbeiten mit dem Menschenbild im Zentrum. Für Hildi Hess gibt es *ein* großes Thema: Gestalt und Bildnis des Menschen. Ihr Menschenbild formt sich aus einem ganz spontanen, liebevoll offenen Interesse am Geschöpf, an seiner Gestalt, seiner Persönlichkeit, seinen Aktionen. Das Porträt fasziniert sie derart, daß ihr auch die Figur zum »Bildnis« wird. Ihr Ziel ist es, die Individualität des Geschöpfes in Haltung, Gebärdensprache und Körperbau so zum Ausdruck zu bringen, daß das Werk zum Dokument für eine Existenz wird. Der Weg zur Verwirklichung dieses Zieles führt vom Bau des Skeletts zum Formen des Volumens: der entscheidende Prozeß liegt beim Modellieren (hier kommt nun der Pariser Ton zum Zug!). Jetzt vollzieht sich der langsame Vorgang der Gestaltfindung. Es geht ja weder um Nachbilden noch um Abbilden, nicht um Figur als Vorwand, Sinnbild oder Zeichen. Die Kunstfigur muß Dokument der Wirklichkeit, ein Stück Existenz sein. Friedrich Dürrenmatt hat in der Rolle des Modells den Vorgang intensiv miterlebt und ihn in seiner Wortkunst adäquater mitteilen können, als es alle klassierende, beschreibende Kunstanalyse vermöchte.

Was sich vorerst als ein munteres handwerkliches Hantieren gibt, als ein fleißiges und gewissenhaftes Wahrnehmen und Nachmessen der körperlichen Wirklichkeit, mündet in ein fast magisches Ritual der Gestaltgebung. Das gilt nicht nur für das Bildnis, das gilt für das Formen jeder Figur. Es dreht sich nie darum, eine »schöne« Figur zu machen, ein Thema illustrativ abzuhandeln. Es dreht sich bei Hildi Hess in aller helvetischen Zurückhaltung und trockenen Bescheidenheit darum, ein Stück Leben tastbar, körperlich greifbar, im Raume stehend, faßbar zu machen.

Viele Geschichtsschreiber der Plastik des zwanzigsten Jahrhunderts haben zur Richtlinie ihrer Darstellung das bewährte System der Entwicklungsgeschichte gewählt, die sich schön vorwärts bewegt, »überwindet« (z. B. »Realismus überwindet«), Traditionen verwirft, Neuland entdeckt, zeitgemäße Ausdrucksformen für zeitgemäßes Erleben findet. Die schlichteste Darstellungsformel lautet dann etwa so: Überwindung des Akademismus, Rückgewinnung der den plastischen Gestaltungsmöglichkeiten immanenten Ausdrucksformen, Bewegung vom Abbild zum Objekt, dann zum Konzept, zum Projekt. Das kann sich dann – auf Kurzformeln gebracht – so anhören: Bis Rodin gilt das Naturabbild bis zur Identität von Kunstwerk und Modell oder bis zur Idealisierung des Modells. Rodin befreit aus dieser Starre. Das neue Menschenbild jedoch steht auf total neuer Basis. Das Bild des Menschen ist nicht mehr Ziel – und Ausgangspunkt, der Mensch versteht sich als Teil des Kosmos, als Ergebnis von Situationen, Erlebnisvorgängen. Er selber steht als Individuum nicht mehr im Fokus des Geschehens. Mythisches und Archetypisches müssen neu gesucht werden, die Vorherrschaft der Technologie im Zeitbild der Moderne verlangt nach neuer Orientierung, eine zeitgemäße Synthese von innerer und äußerer Form wird notwendig. Die Plastik, entlassen aus ihrer ursprünglichen Funktion eines Trägers sakraler Gehalte, wendet sich neuen Aufgaben zu: Themen wie Raum, Zeit, Statik, Dynamik, Relativität, Verhältnis Materie/Energie bedingen neue Ausdrucksmittel. An Beispielen exemplifiziert: Picasso revolutioniert Sicht und Konkretisierung des Gegenstands, bricht ihn auf und setzt ihn neu zusammen. Boccioni entwickelt einen Formenkanon für Dynamik. Brancusi findet neu archaische Idolformen. Vantongerloo stellt die Wechselwirkung von Volumen und Raum in reinen, kraftvollen Formen dar. Tatlin findet in der Konstruktion aus technischen Elementen ein bildhaftes Gleichnis für ein neues Bild von Gesellschaft und Kosmos. Mit Calder wird Bewegung und Schwerelosigkeit der Körper im Raum konkret greifbar; Alberto Giacometti sucht bis zur Zermürbung den Körper, dessen materielle Existenz Zeit und Raum standhält; Environment, Erd- und Konzeptkunst entwerfen konkrete und ideelle Szenen, in denen der Betrachter sich einbezogen und in Bewegung gesetzt fühlen muß ... Solch Geschichtsbild hat Ähnlichkeit mit dem alten Tivoli-Spiel, dem Vorläufer des heutigen Flipperkastens: die Kugel rollt, sucht den Weg zwischen Hindernissen, und wo sie einen relevanten Punkt berührt, blinkt oder klingelt das Signal. Was diesem zwanghaften Ablauf zuwiderläuft, erlangt höchstens die Prädikate »stagnierend«, »irrelevant«. Wie niedlich und praktikabel ist ein solches Geschichtsmodell der neueren Kunst!

Wo nun aber steht in solch umsichtig gebautem Wegsystem eine Hildi Hess? Einmal stellte ihr eine beflissene Kunsthistorikerin beim mühseligen Recherchieren des Werkverlaufs die abschließende Frage: »Und wiä gaat d'Entwikklig?« Wie gedenken Sie weiterzumachen? Hildi Hess lacht noch heute, belustigt und verärgert in einem. Sie gibt vor, nicht einmal zu wissen, wie sich ihre plastischen Vorstellungen im Rückblick entwickelt haben (sie weiß es natürlich genau). Aber es ist ihr, gemessen an der Gegenwart, unwesentlich. Sie steht mitten in der Arbeit. Ihr großes Thema ist unerschöpflich, präsent wie die Modelle, ohne die sie nicht arbeiten will. Ihr Realismus ist letztlich keineswegs in der Ähnlichkeitssuche gegründet, sondern im Bewußtsein, daß der Mensch als Verkörperung von Leben und Existenz gegenwärtig ist. Er ist nicht spekulativ zu erfassen. Es kann kein Vorausbild von ihm entworfen und somit nicht der Vorsatz zu einer Entwicklung des Darstellungsstils in bestimmter Richtung gefaßt werden. Für den Bildhauer ist das Thema »Existenz« erlebbar und formbar im Menschenbild, seiner Gestalt, seiner Tracht, seiner Gesten. Wie soll vom Gestalter in die Zukunft projektiert werden, wenn das Thema und die Auseinandersetzung mit ihm immer präsent, aber niemals kommandierbar bleibt?

Wo steht sie denn also, diese Hildi Hess? Im Bannkreis von Rodin, immerfort treulich bemüht um die Befolgung seiner Werkstattregeln, um die Erfüllung seines »testament«? Bei Germaine Richier in Paris, bevor der Ausbruch des Zweiten Weltkriegs alles in Bewegung brachte, bevor Richier ihr Menschenbild grundsätzlich anders formulierte und es in die Phantasiewirklichkeit des Gleichnisses trieb? Hat Hildi Hess nicht wahrgenommen, welche Veränderungen die vielbeschworene »Rückkehr zum Menschenbild« (Giacometti, Moore, Wotruba, Reg Butler, Marini, Greco, Manzù ...) in Sicht und Darstellung gebracht hat? Ist ihr gleichgültig, was Laurens, Pevsner, Arp, was ihre Schülerkollegen aus dem Atelier Richier (wie zum Beispiel Robert Müller, Helen und Lorenz Balmer) zu sagen haben? Durchaus nicht. Aber es betrifft sie nicht in ihrem persönlichen Gestaltungswillen. Sie steht, vital, ungeheuer lebendig registrierend, interessiert, vieles verfolgend, auf ihrem eigenen Plan. Sie erlaubt es sich, klare Vorlieben und Abneigungen, eigene Meinungen über Relevanz und Irrelevanz zu haben. Vielleicht gibt sich Hildi Hess im täglichen Umgang so impulsiv, subjektiv urteilend, offenherzig naiv, weil sie es in ihrer Arbeitsweise nicht ist, es jedoch für gänzlich unnötig hält, darüber zu reden.

Es gehört zu ihrer Prägung durch das Herkommen, unabhängig zu bleiben, indem man ohne äußerliches Revolutionieren im Rahmen der gegebenen Beziehungen zur Umwelt das Eigene sagt. Das ist nicht Emigration nach innen, Verharren im Réduit, eher stillschweigendes Abwägen dessen, was getan werden kann und getan werden soll. Das Pathetische fehlt und auch das Aufblocken einer herbeigezwungenen Monumentalität. Die Mutter war Künstlerin, Schülerin der Stadler-Schule und von Hermann Gattiker, keine dilettierende Tochter aus gutem Haus, sondern ernsthaft ihrer Landschaftskunst zugewandt. Das hat sie aufgegeben, weil ihr Krankheit die Kraft nahm und sie für ihre Familie zu sorgen hatte. Der Vater war Gelehrter, Professor für Orientalistik, einer jener Wissenschafter, die lebenslang konsequent und diszipliniert der Wahrheit ihrer Materie nachgehen, Forschung treiben, die nicht auf Publikumserfolg hoffen darf. Dies Doppelerbe mag für die Tochter bestimmend gewesen sein. Jedenfalls spielen für sie Wahrheit und bildnerische Phantasie eine gleichwertige Rolle. Die schöpferische Neugier, die dazu treibt, einen Sachverhalt zu erforschen, ihn mitteilbar zu machen, gehört dazu. Selbstdarstellung steht dabei sicher nicht im Vordergrund, sondern die Übermittlung der »Wahrheit«, der plastischen Wirklichkeit, in der sich für sie die Kräfte des Lebens offenbaren.

Daß Hildi Hess diesem Ziel mit Heiterkeit, mit einer ständig pulsierenden Begeisterung nachgeht, bedeutet nicht, daß die Arbeit nicht mit sehr strenger Hingabe, mit Ausschließlichkeit, die kein Ausweichen duldet, geschieht. Bei Germaine Richier hat Hildi Hess vor bald fünf Jahrzehnten gelernt: auf dem Weg vom Konzept zum Realisieren gibt es kein Mogeln. Ein unexaktes, schlecht angelegtes Gerüst hat eine Mißgeburt zur Folge. Es stellen sich üble Konsequenzen ein, wenn das Volumen nicht langsam und vom Kern her gewonnen wird. Wer vom Oberflächenaspekt her sieht und denkt, wird als Plastiker nie ein lebendiges Volumen gewinnen. Die Bearbeitung der Oberfläche, die schlußendlich die Zwiesprache des Körpers mit dem Raum, zwischen der festen Materie und dem Licht bestimmt, kommt ganz am Ende. Man soll seine Vorstellung von einem Werk über den langen Arbeitsprozeß hinweg so in Ordnung halten, daß man der Verlockung durch Zufallsergebnisse zu widerstehen vermag. Zufall und Willkür haben nichts zu suchen beim Bildhauer, Effekt gefährdet Glaubwürdigkeit. Rodins Stimme klingt auf: »De la patience! Ne comptez pas sur l'inspiration. Elle n'existe pas. Les seules qualités de l'artiste sont sagesse, attention, sincérité, volonté.« An diese Grundsätze hat sich Hildi Hess gehalten. Sie stimmen überein mit ihren eigenen, mit ihrem ganzen Wesen.

Ihre ersten erhaltenen, selbständigen Werke sind Porträtköpfe und eine Figur in langem Mantel. Der eine Kopf glatt und gespannt modelliert, mit flach liegenden Augen, das Volumen dehnt die Außenhaut wie eine elastische Schale mit expressiver Umrißlinie. Der andere Kopf erscheint bewegter modelliert, in der Oberfläche bleibt die Struktur des letzten Tonauftrags sichtbar, in den Körnern und Platten spielen Licht und Schatten. Dieser Kopf, ›Lulu‹, 1936 vollendet, war das erste von vielen Werken, die in öffentlichen Besitz gelangten, die Eidgenossenschaft erwarb ihn. Von der ›Frau in langem Mantel‹, entstanden 1937, einer massig und schwer auf der Plinthe stehenden Gestalt, wird eine lange Reihe von Gewandfiguren und Akten bis zur Arbeit führen, die sich eben jetzt im Atelier in Arbeit befindet: bewegte und statuarisch ruhige Gestalten, zeitweise die Schwerkraft überwindend, sie dann wieder gewinnend. Der Unterschied zwischen den beiden ersten Köpfen zeigt sich im ganzen Schaffen immer wieder: glattmodellierte Oberfläche, gespanntes Volumen, bewegte Umrisse – oder dann massige, schwere Körper mit stark strukturierten Oberflächen, in denen das Licht wirkt und die Materie zum Strahlen bringt.

Zwischen 1942 und 1952 spielt sich ein wichtiger Vorgang ab. 1942 gelangte Hildi Hess in einem allgemeinen Wettbewerb für ein »Denkmal der Arbeit« mit ihrer Figur unter die Preisträger. Es kam, des Krieges wegen, damals kein Entwurf zur Ausführung. Zehn Jahre später wurden die prämierten Bildhauer und zusätzlich Karl Geiser (dem dann die Ausführung zufiel) nochmals zu einer eingeladenen Konkurrenz aufgefordert. Diesmal reichte Hildi Hess eine Zweifigurengruppe ein. Ein stämmiger Arbeiter, der die Werkzeugkiste schultert, steht einem ihm zugewandten, zierlich gebauten Bub gegenüber. Das Thema der Gegensätze schwer/leicht, gespannt/gelöst, massig/zierlich wird in diesem Doppelfiguren-Motiv verbildlicht. Die Raumbeziehungen zwischen großer und kleiner Figur sind wichtig. Kurz darauf setzt das Thema der Gegensätze und kontrastierender Körper auch in Motiven mit einer Einzelfigur ein.

Damals übte im Keller des Hauses, in dem Hildi Hess ihre Wohnung hatte, ein junges Mädchen besessen Einradfahren. Sie eiferte ihrem Bruder nach, der als Artist beim Zirkus arbeitete, jener Welt, die Hildi Hess so sehr faszinierte. Hans Fischer – fis –, mit dem sie seit der Kunstgewerbeschule befreundet war, hatte sie während der Kriegsjahre dazu animiert, im Zirkus zu zeichnen. Clowns und Akrobaten begeisterten und inspirierten sie: da war die Bewegung der Körper,

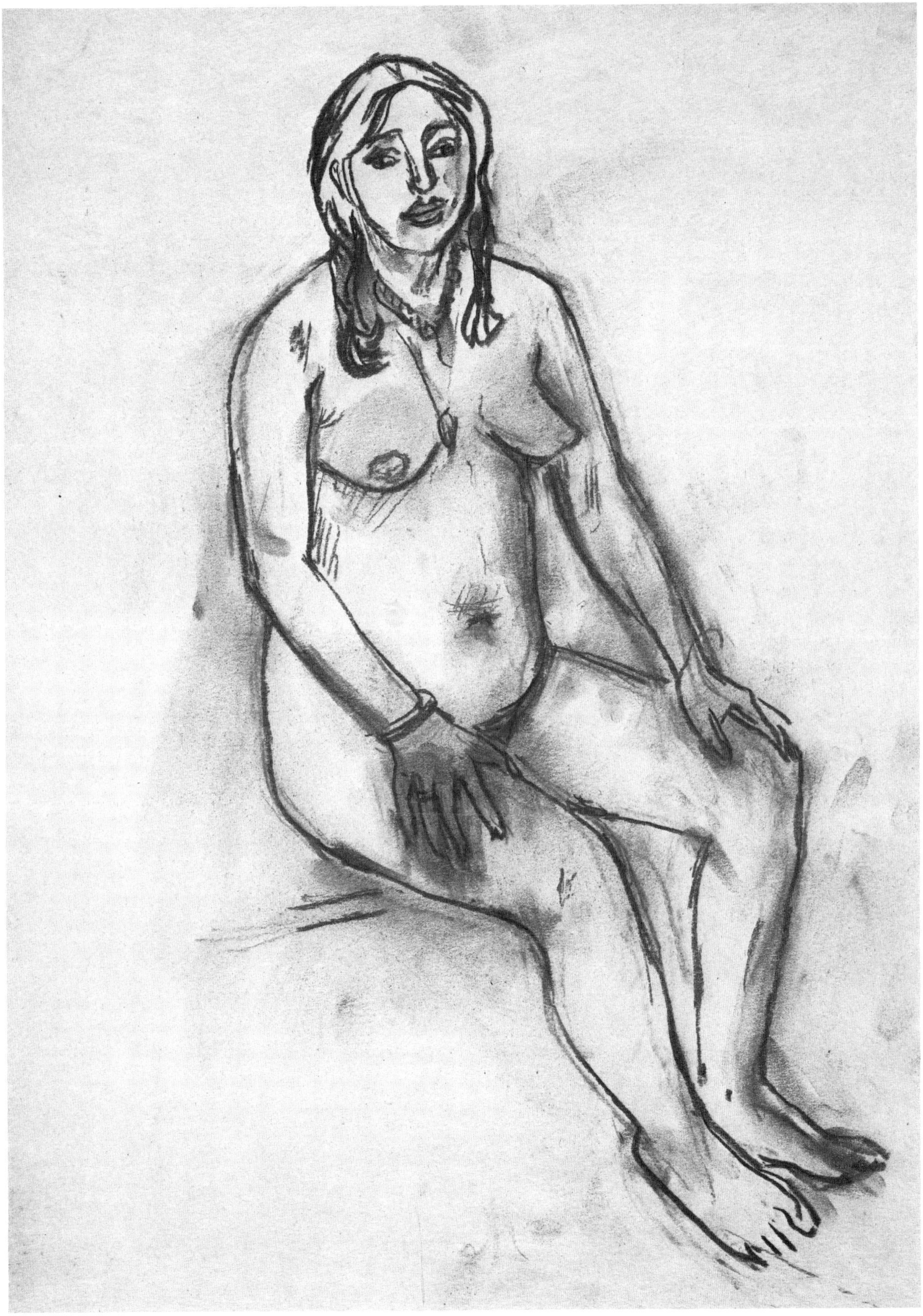

die Verwandlungsfähigkeit in Mimik und Gestensprache, die die Künstlerin so sehr beschäftigte. Und nun konnte sie dank einem Glücksfall im Keller ihres Hauses genau und über ganze Übungsabläufe die Artistin auf dem Einrad beobachten. ›Michèle auf Einrad‹ ist der Ausgangspunkt für Plastiken geworden, die die menschliche Figur in der Schwerelosigkeit des Schwebens, im unstabilen Gleichgewicht, bei beherrschten Bewegungen zeigen. Die erste ›Michèle‹ balanciert auf dem Einrad; ein anderes Mal hält sie in Schrittstellung ihr Instrument in der Hand; dann wieder lehnt sie sich an einen hochbeinigen Hocker oder sie sitzt auf fragilen, dünnbeinigen Stühlen, schwerelos, gelöst, leicht im Übergang zur Bewegung in eine nächste Position.

Das Thema »Bewegung« und das Thema »Schwerelosigkeit« haben Hildi Hess von da an nie mehr losgelassen. Bei Artisten, die jonglieren und balancieren, bei grazil Schreitenden oder auf leichten Konstruktionen Sitzenden läßt sich das am Motiv mühelos ablesen. Einen jungen Mann hat die Künstlerin als ›Schachspieler‹ modelliert, weil die Sitzhaltung beim Spiel die Spannung der Position besonders stark akzentuierte, die innere Dynamik des Vorgangs faßbar machte. Ruhig stehende, füllige Leiber gewinnen ihre Leichtigkeit durch Elastizität, durch Ponderation, durch Gesten; ›Margrit mit Zoccoli‹ berührt auf ihrem Tessiner Zoccoli den Boden kaum.

Attribute – wie schließlich auch das Einrad eines war – nimmt die Künstlerin zu Hilfe, wenn das künstlerische Thema einer Pose verdeutlicht werden soll. Pomona mit Früchten, Venus mit Hut oder Spiegel – das sind nicht mit illustrativen Objekten bereicherte Genrefiguren. Der Gegenstand will nicht erzählen, er wirkt als Bezugspunkt für die Bewegung, er präzisiert die Vorgänge der Körperentwicklung; seine Handhabung wirft ein Licht auf Körperbau, auf Volumenquanten und ihr Verhältnis zur Gesamtform. Dieselbe Funktion haben Bekleidung und Accessoires: Kopfputz, Ohrgehänge, Perlenketten akzentuieren einen Kopf, betonen die Achse, markieren den Halsansatz, steigern die Dynamik eines Büstenaufbaus. Die Mütze des ›weißen Clowns Pipo‹ dehnt die Schädelkalotte zum Kegel, der dem Bau des Gesichts von den Wangenknochen bis zum Kinn die antwortende Gegenform bietet. Im Sinne auch von Akzentuieren und Präzisieren eines plastischen Sachverhaltes bemalt Hildi Hess ab und zu ihre weißen Gipsgüsse. Erhärteter Gips wird zur schweren Masse, dem Licht wird es schwer, jene Lebendigkeit und Beweglichkeit ins Material zu bringen, die Hildi

Hess im Modellieren anstrebt und die sie in der Individualität des Modells fand.

Bewegung, Gesten, Mimik sind für Hildi Hess in den Motiven so wichtig, weil sie Träger lebendigen Ausdrucks sind, weil sie die Individualität eines Geschöpfes direkt übermitteln. Auch das Spezielle einer Situation: das Träumen, Handeln, Zögern, Sichverändern. »Ich wollte schon als Kunstgewerbeschülerin Bewegung und Veränderung zur Darstellung bringen – am liebsten hätte ich Schlittschuhläufer und dergleichen gemacht ...«

Wenn sich in Handlung und Bewegung die »Wahrheit« von Existenz am deutlichsten äußern für Hildi Hess, warum hat sie sich dann nicht mit dem Motiv der szenischen Vielfigurengruppe auseinandergesetzt, die Aktion in den Beziehungen der Figuren zueinander ausdrücken kann? Der Entwurf für das »Denkmal der Arbeit« 1952 blieb lange ein Einzelstück. In jüngerer Zeit sind ›Drei Chinesen beim Spiel‹ entstanden, ein kleiner Gipsentwurf, die Köpfe wurden schwarz bemalt, um die Konstellation der Figürchen im Raum zu fixieren. »Ich versuchte es auch mit einem szenischen Projekt, mit Figürchen in einem Bühnenraum – das trug mir zu sehr Puppenstuben-Charakter – das glich einer Vorstellung, war repräsentierte Wirklichkeit, nicht das, was der Modelliervorgang beim Aufbau eines Körpers zu geben vermag.«

So ist das Werk von Hildi Hess fast ausschließlich ein Werk von freiplastischen Einzelfiguren, Büsten und Köpfen. Steinrelief für einen Brunnen, für ein Hauszeichen und Grabsteine bilden Ausnahmen. Im Aufbauen und Formen der Einzelfigur kann sie ihre künstlerischen Ziele und darstellerischen Mittel am reinsten entwickeln.

Wie findet ein Werk seine Form? Wie verläuft der Weg vom Projekt zur Realisierung? Setzt das Verlangen nach der Formulierung eines bereits genau vor Augen stehenden Bildvorwurfs alles in Gang? Sieht Hildi Hess Motiv, Pose, bildhauerische Gestalt klar vor sich bei Beginn der Arbeit? Das kann der Fall sein. Aber nun korrigiert eben dies Ringen um die Wirklichkeit, um das Kunstwerk als Träger der Wirklichkeit (von dem Alberto Giacometti bewegend gesprochen hat, weil er ihm so vollkommen verschrieben war) die vorgefaßte Konzeption immer wieder. Das Modell! Das Modell übt eine Präsenz aus, der sich alles unterordnet. Seine »Wahrheit« stimuliert und zügelt die Formfindung beim Kunstwerk. Als junge Plastikerin klagt Hildi Hess: »Das Modell hat mich versetzt; ich muß mit dieser Arbeit warten, bis das Modell wieder auftaucht.« Ein abtrünniges und unexaktes Modell ist ihr auch heute noch mehr als ein Ärger – es ist ein Arbeitshindernis. Es verzögert den Vorgang, immer wieder ein neues Stück Lebenswirklichkeit zu erfassen und anschaulich zu machen. Vorstellungskraft, Anatomiekenntnis, Bewußtsein einer Zielvorstellung ersetzen den lebendigen Prozeß nicht, der sich aus der Auseinandersetzung mit der Realität eines Menschen entwickelt.

Die Arbeit mit einem neuen Modell beginnt Hildi Hess mit Zeichnen. Zeichnen ist für sie unendlich wichtig, ist die absolut unentbehrliche Annäherung an das Erfassen der Wirklichkeit. Zeichnend lernt sie ein Modell in seiner Eigenart und seinen Möglichkeiten kennen. Dann können Ideenskizzen entstehen, kleine, freimodellierte Bozzetti, darin wird die Tragfähigkeit einer Idee auf formale Verwirklichung hin geprüft. Und schließlich geht der Inangriffnahme der projektierten Figur oft das Erproben an einer kleinen Version voraus, für die schon ein Gestell errichtet und damit Haltung des Leibs und Stellung der Extremitäten summarisch festgelegt werden. Ein langsamer, umsichtiger Annäherungsvorgang! Er ist notwendig, wenn man der Wahrheit näherkommen will. Und ebenso die Anwendung des von Rodin entwickelten Punktier- und Meßsystems: das Fixieren der Standfläche des Modells auf dem Podium zum Einhalten der Pose (Umrißzeichnung der Fußsohlen), das Markieren wichtiger Volumenpunkte am Modell (das Dürrenmatt so intriguiert hat), damit von einem Zentralpunkt aus Distanzen und Maße kontrollierbar bleiben. Das Übertragen mittels des Zirkels auf die Figur auf dem Drehbock – ein merkwürdiger Anblick, wie die weißhaarige, behende, konzentriert arbeitende Dame mit dieser Zirkelzange dem Modell auf den Leib rückt, dann wieder dem Tonbildwerk, wie ein zwackender Höllenknecht den gefallenen Seelen in einer Jüngstgericht-Darstellung! Etwas von der Unerbittlichkeit des Gerichts hat dieser Meßvorgang: er stellt Fehldispositionen bloß und deckt Schwächen auf. Es steht jedoch nicht das Modell zu Gericht, sondern der Bildhauer. Ob er aus Ungeschicklichkeit, Willkür, Mangel an Vorstellungskraft falsch gearbeitet hat, wird unweigerlich zum Vorschein kommen. Dabei handelt es sich letztendlich nicht um ein Abformen mit dem Ziel, Formidentität zu erreichen zwischen Modell und Kunstwerk. Die Wahrheit der Plastik hat ihre eigenen Gesetze, welche willentliche Veränderungen gegenüber dem Vorbild verlangen.

Für Hildi Hess sind »Wahrheit« und »Wirklichkeit«, denen sie so zustrebt, zu finden in der Gestalt eines Geschöpfes, seinen Lebensäußerungen, seinem Verhalten im Raum. Im Physiologischen spiegeln sich auch Charakter und Beruf. »Lebensnähe« sucht sie, indem sie auch heutige gesellschaftliche Verhaltensweise einbezieht, menschliche Existenzform im alltäglichen Lebensraum, innerhalb der möglichen Äußerungsformen – das heißt, sie nimmt Konvention als mitbeteiligten Faktor am Gehabe eines Menschen ernst. Es schiene ihr zutiefst unsinnig, nackte Sportler darzustellen – das gibt es nicht auf unsern Fußballfeldern und Skipisten, das wären ja idealistische Lebenschiffren, nicht Leben selbst. In bezug auf künstlerische Gestaltung gibt es für sie kein Ausweichen in Auswahlverfahren und Ästhetik. Abstraktion ist für sie keine Möglichkeit – das wäre ja eben ein nicht akzeptables Auswahlverfahren. »Um so etwas zu machen und dabei wahr zu bleiben, müßte man absolut höchste plastische Qualität erreichen beim Modellieren – das läge über dem mir Möglichen.« Zur Erscheinungs- und Gegenstandswahrheit gehört ferner, daß das physiologisch Funktionelle und der anatomische Aufbau eines Organismus stimmen. Das Lebendige und das Leben können nicht in eine durch Stilabsprache und Formmoden gewonnene Stilisierung gepreßt werden. Im Gleichgewicht zwischen Objektivität und Interpretation sucht Hildi Hess jene Wirklichkeit, die sie als »Wahrheit« empfindet.

Wie kompliziert ist es, der Wahrheit auf die Spur zu kommen, die Hildi Hess als Wahrheit und damit als einzig anzustrebendes Ziel ihrer Kunst betrachtet! Und wie einfach und ohne Prätentionen ist der äußere Rahmen, in dem sich diese die Tage und Jahre füllende Suche abspielt. Hodler, als er 1908 in Genf am großen Jenenser-Bild arbeitete, hat einst zum 23jährigen Hermann Hubacher gesagt: »Me mueß dr ganz Tag a dr Arbet sy, damit men am Schaffe isch, we der groß Momänt über ein chunnt.« Seit Jahrzehnten arbeitet Hildi Hess als freie Künstlerin. Und all die Zeit im Sinne eines nie nachlassenden Schaffenseifers: Atelier, Modell, Zeichnen, wo immer es geht, modellieren, solang das Tageslicht es erlaubt, dazwischen der Weg zum Gipsgießer, die Fahrt nach Mendrisio, wo sie bei Amici ihre Bronzen gießen läßt und sie auch dort zum Teil überarbeitet.

Banale Alltagshantierungen gehören dazu: Duschen und gewissenhaftes Turnen am Morgen zur Erhaltung körperlicher Leistungsfähigkeit – auch ein Plastiker ist oft Schwerarbeiter im Schleppen von Gewichten. Die Wohnung mit den schönen alten Möbeln muß in Ordnung gehalten werden, man hat Wäsche zu besorgen, zu kochen, den ganzen Alltagskram eines Alleinstehenden-Haushalts zu erledigen. Alles in Selbstverständlichkeit, mit möglichst wenig Zeit- und Kraftverlust. Einen Ausgleich zu den vielen Klausurstunden im Atelier, dem kontinuierlichen und zehrenden Dialog mit dem Werkstück, bietet vieles: das wöchentliche Frühstück im »Select«, wo sich ohne Verabredung seit Jahren eine Art Stamm von Freunden und Bekannten gebildet hat; die Beziehung zu Modellen; der Umgang mit Kollegen und Freunden, gleichaltrigen und jüngeren; die Schüler, die zweimal wöchentlich ins Atelier zur Arbeit kommen, Theater und Konzerte, Musik, Filme im Fernsehen, Lesen – nur keine umfangreichen, beschwerlichen Prosawerke! Nichts, was in die Arbeit eingriffe und sie störte! Täglich wandert Hildi Hess zu Fuß von der Mühlebachstraße hinauf ins Atelier an der Freiensteinstraße. Sie durchquert das Artergut, das »Merkurpärkli«. Ständig reizt es sie, darin wieder einmal zu aquarellieren – aber »ich habe ja keine Zeit dazu, das kann ich mir höchstens auf Reisen und in den Ferien erlauben.« Und natürlich dann, wenn ein Zirkus in Reichweite ist, dann wird gezeichnet. Das ist auch der einzige Arbeitsort, wo Kunstlicht bei der Arbeit nicht stört. Modellieren bei Nacht macht Hildi Hess nervös und deprimiert, ihre Figuren entstehen und leben im Tageslicht.

Der ganze Tages- und Lebensrhythmus ist von einer geradezu nüchternen Regelhaftigkeit, ohne Extravaganzen und Künstlerlaunen. Er wird aber in den Dienst einer Arbeit gestellt durch eine Frau, die dabei sprüht vor Lebendigkeit, strahlt vor Humor, blitzschnell auffaßt, sich und die Umwelt mit Ironie und Ernst, fragend und interessiert betrachtet, Andersartiges nicht nur gelten läßt, sondern es auch achtet. Für sich selber gilt aber nur dies: die Wirklichkeit suchen, so wie sie sich im Menschenbild und Bildnis manifestiert, sich dem Geheimnis des Lebens nähern, indem man wirkend daran teilnimmt, Arbeit als Lebensprozeß, nicht als theatralische Prozedur. Karl Geiser, dessen Schülerin die junge Hildi Hess gern geworden wäre, schrieb trocken und tiefgründig: »Ich glaube nicht, daß es irgend eine ›richtige‹ oder ›unrichtige‹ Art gibt, Plastik zu machen … Der Maßstab dafür, ob eine Plastik gut ist, liegt in der Intensität des Erlebnisses, das sie uns vermittelt.« Diese Intensität zu erreichen ist das Ziel von Hildi Hess.

ETWAS ÜBER HILDI, MEINEN DOPPELGÄNGER UND MICH

von Friedrich Dürrenmatt

Hildi Hess lernte ich eng umschlungen kennen. Sie versuchte, mich von Daniel Keels Wohnung auf dem Pfannenstiel in das nächste Dorf zu führen. Es war nach Mitternacht. Der Weg war tief verschneit und bildete mit dem Hügel eine einzige Fläche, die ins Dunkel hinabstürzte, aus welchem einzelne Lichter heraufunkelten. Es muß jetzt nicht näher beschrieben werden, in welchem Zustand und warum ich in diesem war. Er hatte zur Folge, daß Hildi, die mich zu stützen suchte, und ich, der von ihr gestützt wurde, ins Dorf kollerten, wobei sie zwar einige Versuche machte, wieder auf die Beine zu kommen – was ihr auch bisweilen gelang –, um aber von mir, dem doppelt so schweren, immer aufs neue in die nächtliche Tiefe gerissen zu werden, bis wir, endlich unten angekommen, als Schneemänner dastanden.

Hildi suchte mich mehr als ein Jahr später, und zu einer günstigeren Jahreszeit, in Neuchâtel auf. Daniel Keel hatte ihr den Auftrag gegeben, meinen Kopf zu modellieren. Ich befürchtete zwar nicht, sie komme, um sich zu rächen – dafür hat Hildi zuviel Humor –, aber ich sah ihrem Vorhaben skeptisch entgegen: Ich beschäftige mich mit meinem eigenen Kopf relativ wenig, außer daß ich ihn brauche; sonst wasche ich ihn täglich und rasiere ihn jeden zweiten oder dritten Tag. Der Blick in den Spiegel ist mir verhaßt; nicht weil ich eigentlich gern anders aussehen würde, sondern weil ich nicht weiß, wie ich anders aussehen könnte. Ich negiere mich gleichsam selber, wenn ich mich im Spiegel sehe, ohne dieser Verneinung eine Bejahung entgegensetzen zu können; kurz, ich befinde mich zwar nicht mit mir, sondern mit meinem Kopf in einer Identitätskrise. Wenn nun Hildi mich porträtierte, mußte sich zur Identitätskrise zwischen mir und meinem Kopf noch eine zweite hinzufügen, jene zwischen mir und dem Kopf, den Hildi von mir zu machen beabsichtigte, eine Befürchtung, die ich nie bei einem Maler gehabt hatte. Varlin konnte mich noch so grausam porträtieren, ein Bild bleibt immer eine Abstraktion, etwas Zweidimensionales, seine dritte Dimension ist nur vorgetäuscht und auch seine »vierte«, die Bewegung und damit die Zeit, während ein modellierter Kopf etwas Dreidimensionales ist wie der Kopf, den er darstellt. Er ist sein Stellvertreter, etwas Magisches.

Hildi machte sich am Tag nach ihrer Ankunft in meinem Atelier ans Werk: Sie bearbeitete weit mehr meinen Kopf als den unförmigen Lehmklumpen, den sie mir gegenüber aufgestellt hatte und der mein Kopf werden sollte. Sie fixierte irgendwo an meinem Schädel einen Punkt – ich glaube auf der Stirne –, markierte ihn mit blauer Temperafarbe, und von diesem Punkt aus fixierte sie mit einem Zirkel weitere Punkte: auf der Nase, auf der Glatze, auf den Wangen, und markierte die Punkte mit dem Pinsel, so daß ich nach jeder Sitzung wie ein tätowierter Indianer aussah – insofern ich überhaupt wie ein tätowierter Indianer aussehen kann. Ich reklamierte schon nach der zweiten Sitzung. Hildi erklärte, diese Methode stamme von Rodin und sei von Antoine Bourdelle verfeinert worden. Ich entgegnete, ich hätte noch nie von einem Antoine Bourdelle gehört, den hätte sie erfunden, um ihre entwürdigende Methode, den Kopf eines lebenden Menschen zu malträtieren, zu verteidigen. Hildi verlor die Fassung. Nicht daß sie etwa geschrien oder meinen unfertigen Lehmkopf an meinen wirklichen Kopf geworfen hätte, schlimmer: sie sah mich mit einem Blick an, den ich schon einmal in Warschau während der Kuba-Krise bei einem Menschen erlebt hatte und seitdem nie wieder. Ein hoher Funktionär des Kulturministeriums war zu uns ins Hotel gekommen und lud uns ein, anderntags das Geburtshaus »Schopens« zu besuchen. »Schopen« wie bei Schopenhauer, nur schärfer ausgesprochen: Schóppen. Ich fragte, wer denn dieser Schopen sei. »Der weltbekannte Komponist«, sagte er. Ich erklärte, im Westen habe man von einem Komponisten namens Schopen noch nie gehört. »Nein?« antwortete der Funktionär, bleich geworden. Doch, doch, blieb ich fest, da könne er sicher sein, Schopen sei international gänzlich unbekannt, aber selbstverständlich würden wir die Einladung annehmen. Darauf sah ich zum ersten Mal den Blick, den ich viele Jahre später bei Hildi wiederfand, lag doch in ihren Augen das gleiche Gemisch von Verwunderung, Entsetzen und Ratlosigkeit wie damals beim Polen. Erst als dieser gegangen war, fiel mir ein, daß er Chopin gemeint hatte, doch konnte ich mich im Falle Bourdelles nicht damit entschuldigen, daß Hildi dessen Namen auf eine mir ungewohnte Weise ausgesprochen hätte. Ich kannte ihn wirklich nicht.

Doch wenn mir auch im Verlauf der Sitzungen Hildis Handwerk und die

Seriosität, mit welcher sie ihren Auftrag ausführte, imponierte, es war eben doch mein Kopf, der mir gegenüber Gestalt annahm, mein Doppelgänger, und damit etwas Unheimliches.

Die vergnüglichen Tage, in welchen Hildi in Neuchâtel an meinem Kopf arbeitete, gingen, in der Erinnerung, allzuschnell vorüber. Nur gegen Ende konnte ich es nicht verkneifen, Hildi selber zu porträtieren. Sie nahm es mit Gelassenheit hin. Aber während meines Malens wurde ich mir der amateurhaften Leichtfertigkeit bewußt, mit der ich vorging. Hildi nahm an mir Rache, indem sie sich von mir porträtieren ließ.

Zu meinem Sechzigsten schenkte mir Daniel Keel meinen Kopf in schwarzer Bronze gegossen. Er kam wenige Tage vor unserer Abreise in die USA bei mir an. Verlegen stellte ich ihn in meinem Atelier auf, war er doch dort entstanden. Ich wagte ihn nicht recht anzuschauen und war nur froh, daß ich in Schwarz wenigstens nicht Idi Amin Dada glich.

In den USA darauf war es mir, als ob ich nie recht angekommen wäre, Hildis Kopf von mir war als ein Teil von mir in Europa geblieben, und als nach dem Flug zum Grand Canyon und zurück mein linkes Ohr derart schmerzte, daß ich einen Arzt aufsuchen mußte, war ich überzeugt, jemand hätte sich in Neuchâtel über meinen Doppelgänger hergemacht und einen glühenden Nagel in mein dortiges linkes Ohr getrieben.

Nach drei Monaten zurückgekehrt, konnte ich, todmüde, die erste Nacht nicht schlafen. Ich ging in mein Atelier und suchte meinen anderen Kopf. Im Atelier fand ich ihn nicht. Endlich entdeckte ich ihn auf dem Klavier im Gästezimmer. Er lächelte mich sanft an. An der Wand hing eine der Göttermasken aus meinem letzten Stück, ›Die Panne‹. Ich stülpte sie über den Kopf meines Doppelgängers. Darauf schlief ich ruhig eine ganze Nacht und einen ganzen Tag.

Ich wage Hildis Kopf von mir seitdem nicht mehr anzuschauen. Nur meine Frau geht manchmal zu ihm und betrachtet ihn. Dann lächelt sie seltsam. Ich ahne, daß ihr langsam der Kopf meines Doppelgängers – von dem freilich nur der Kopf existiert – besser gefällt als der meine. Zum Glück hat Hildi keine Statue von mir gemacht.

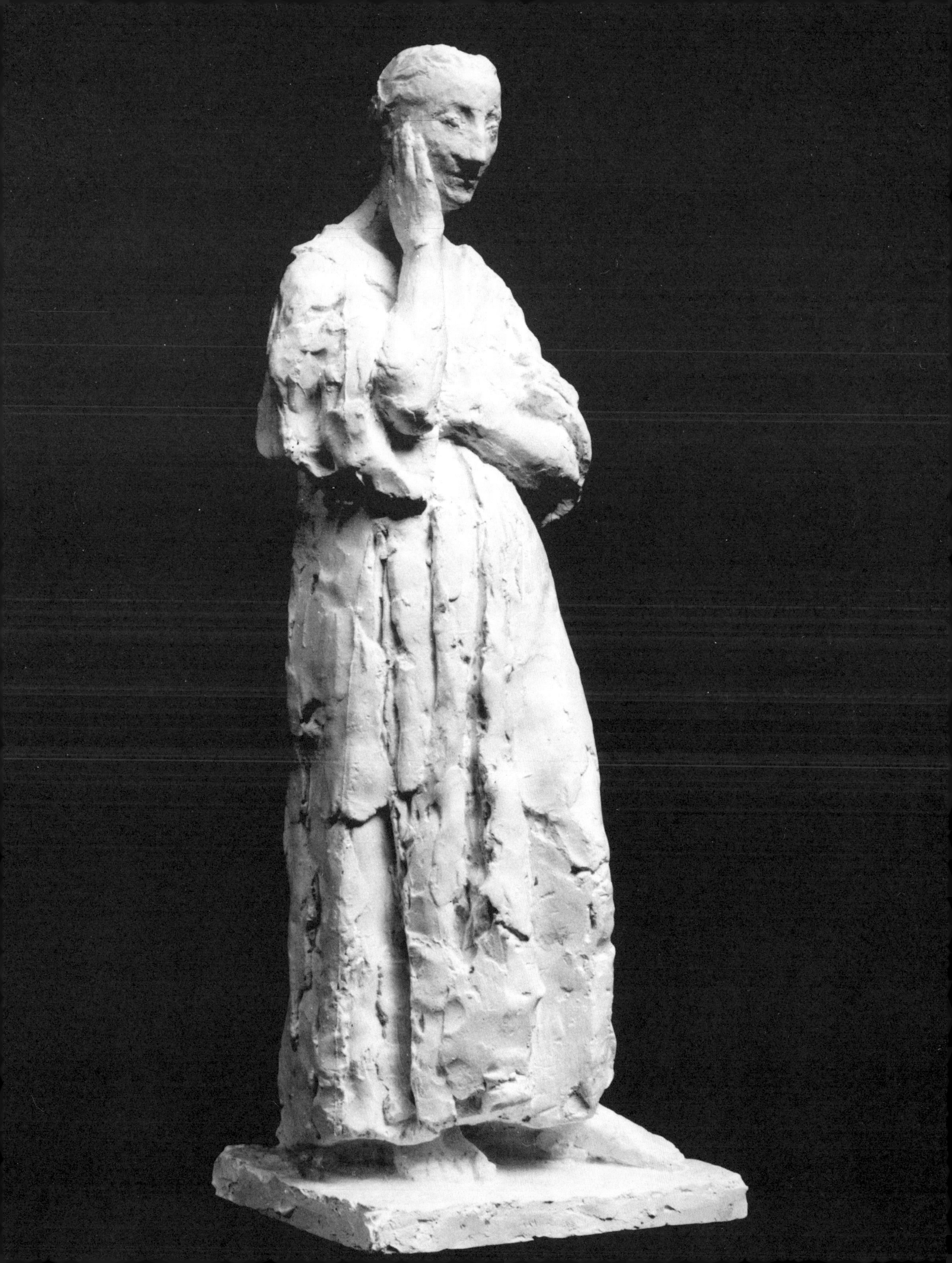

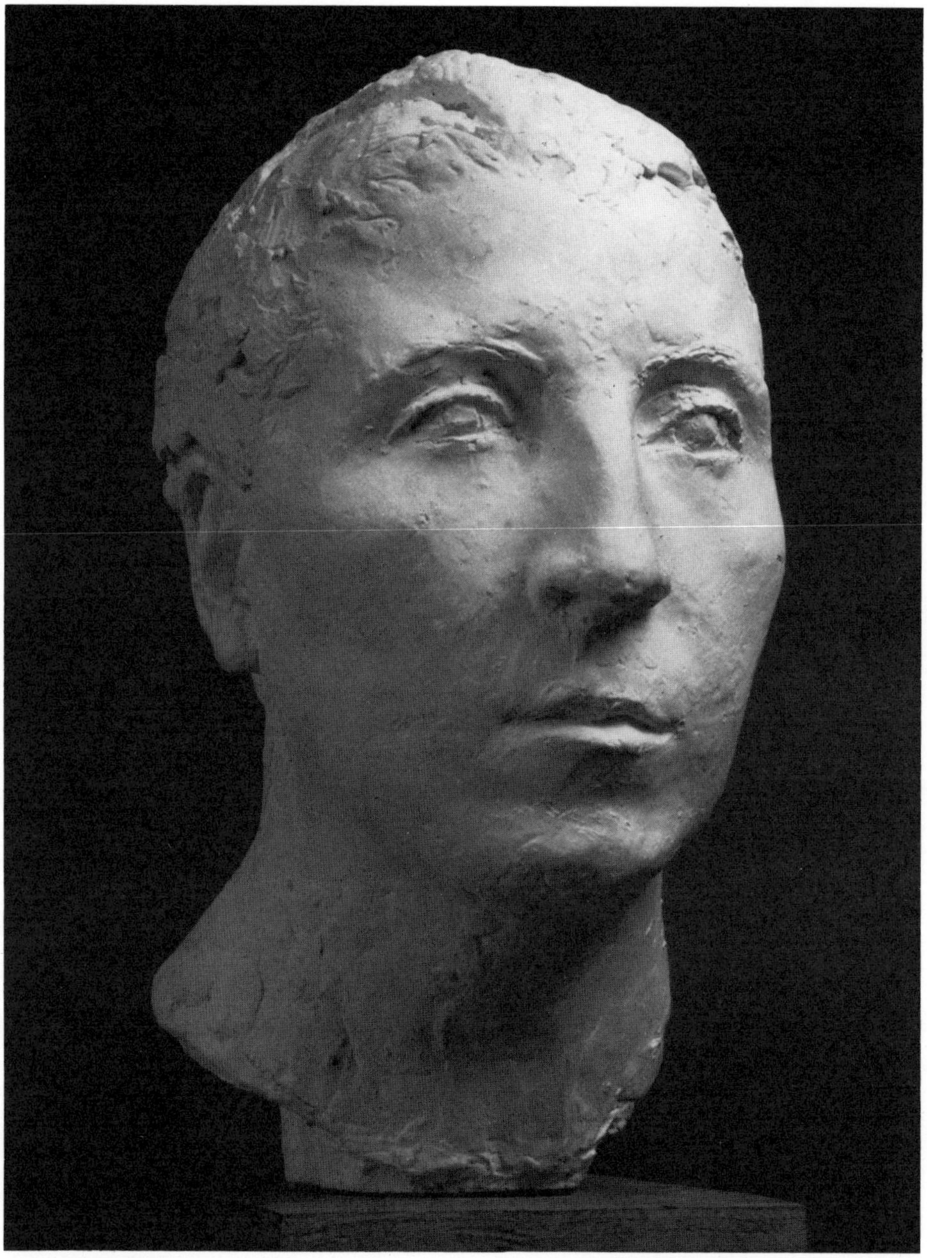

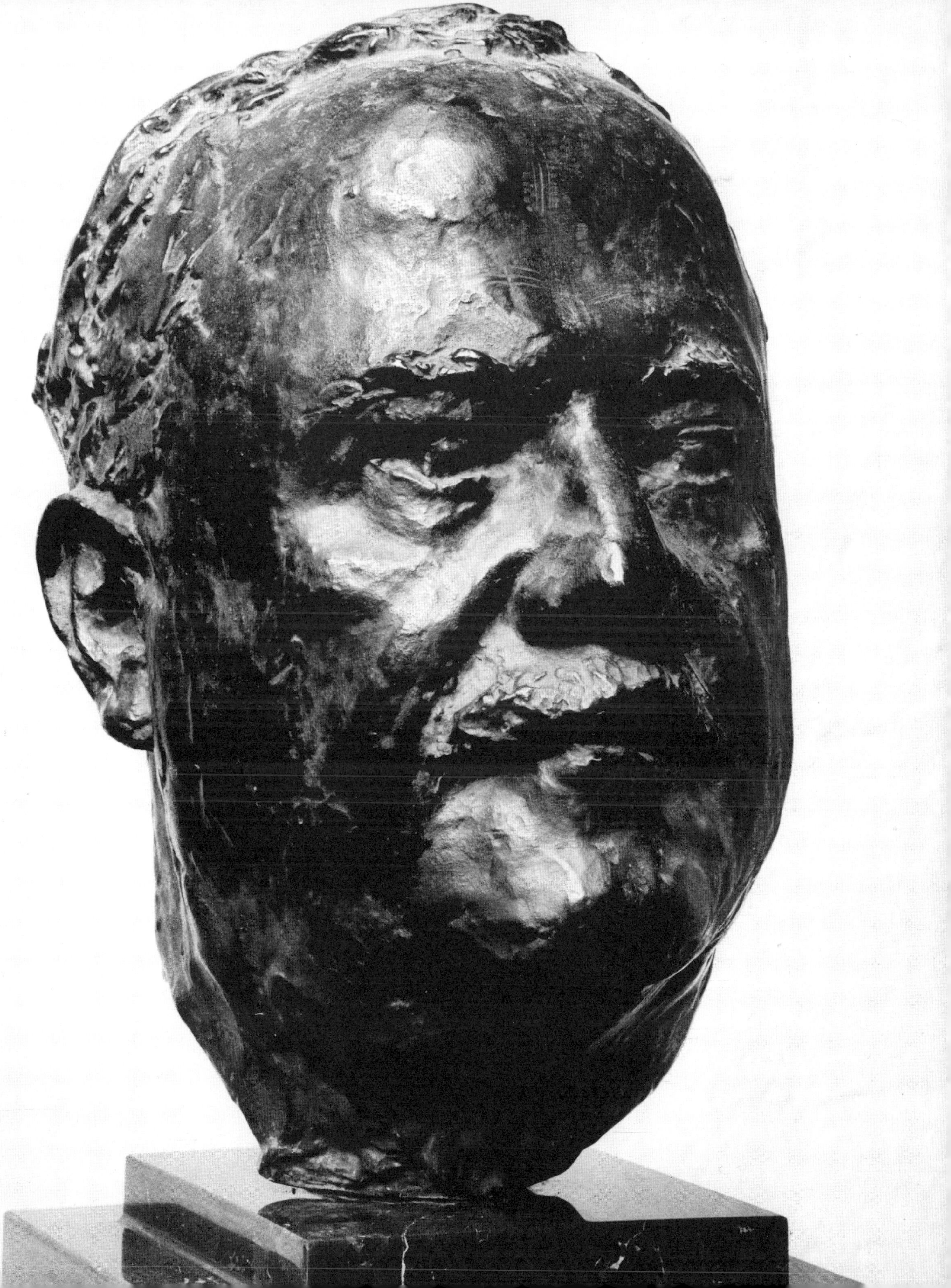

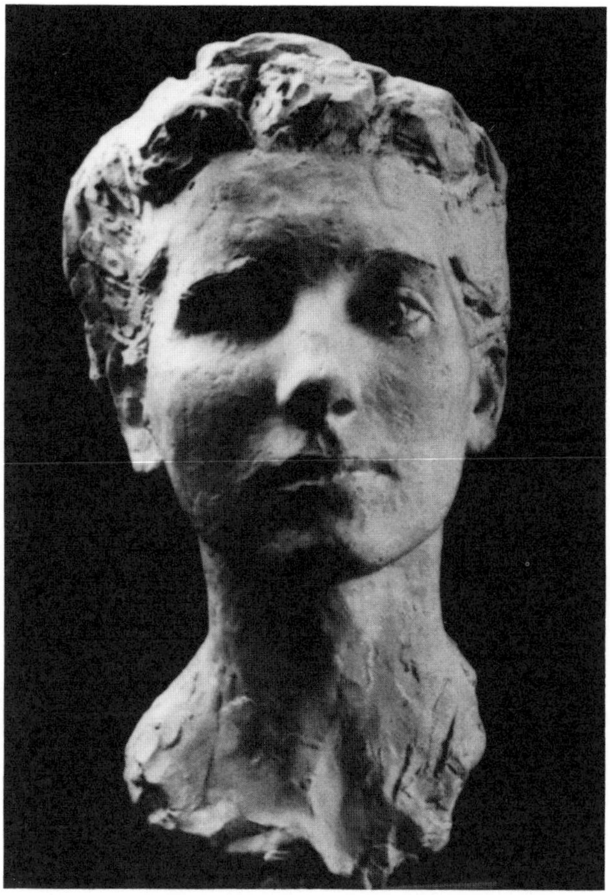

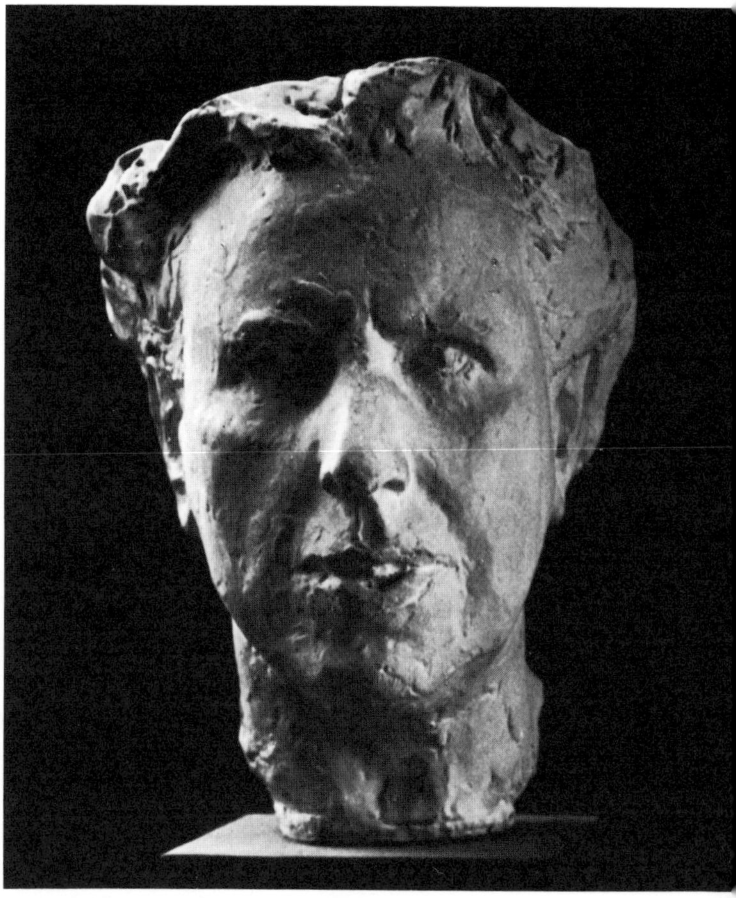

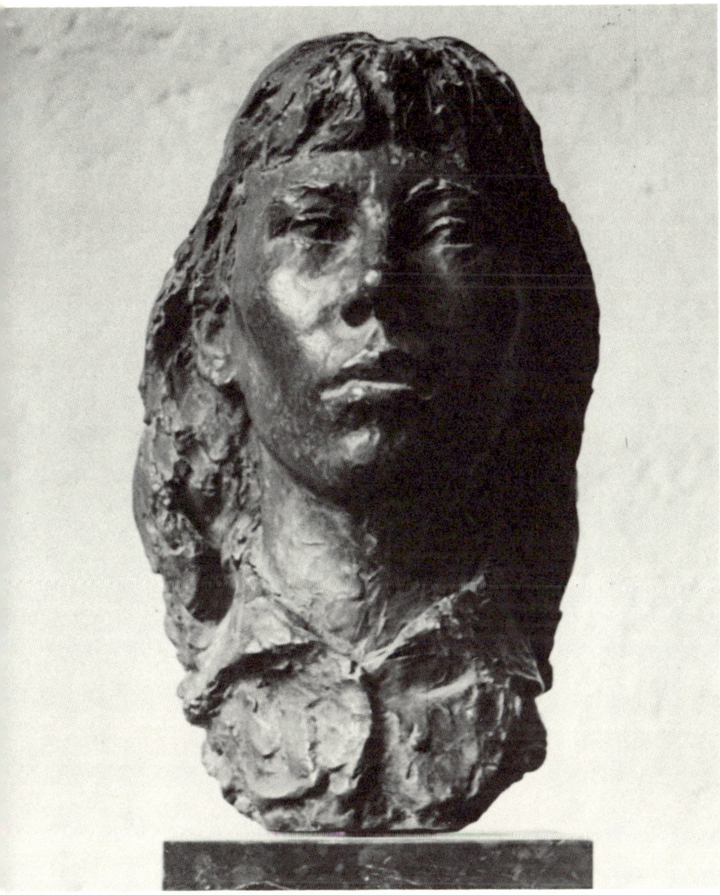

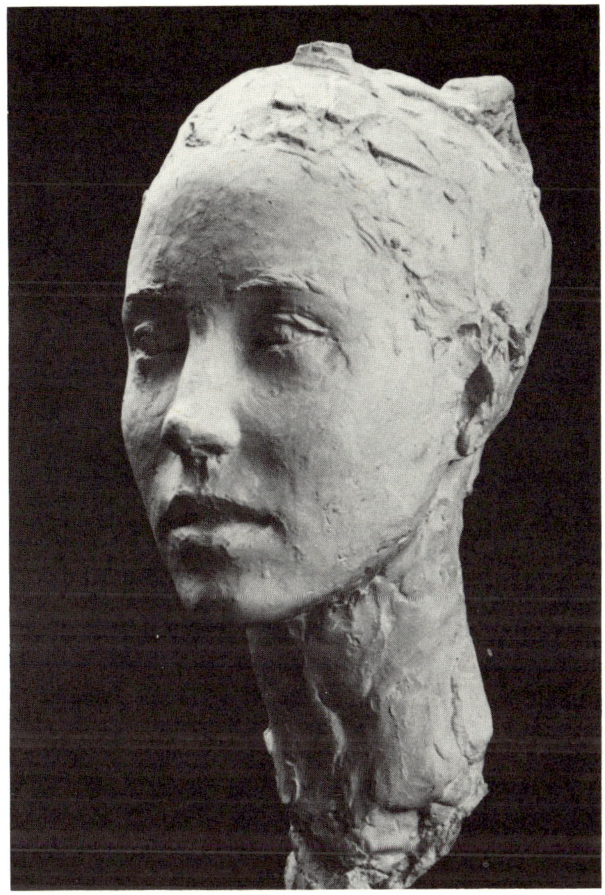

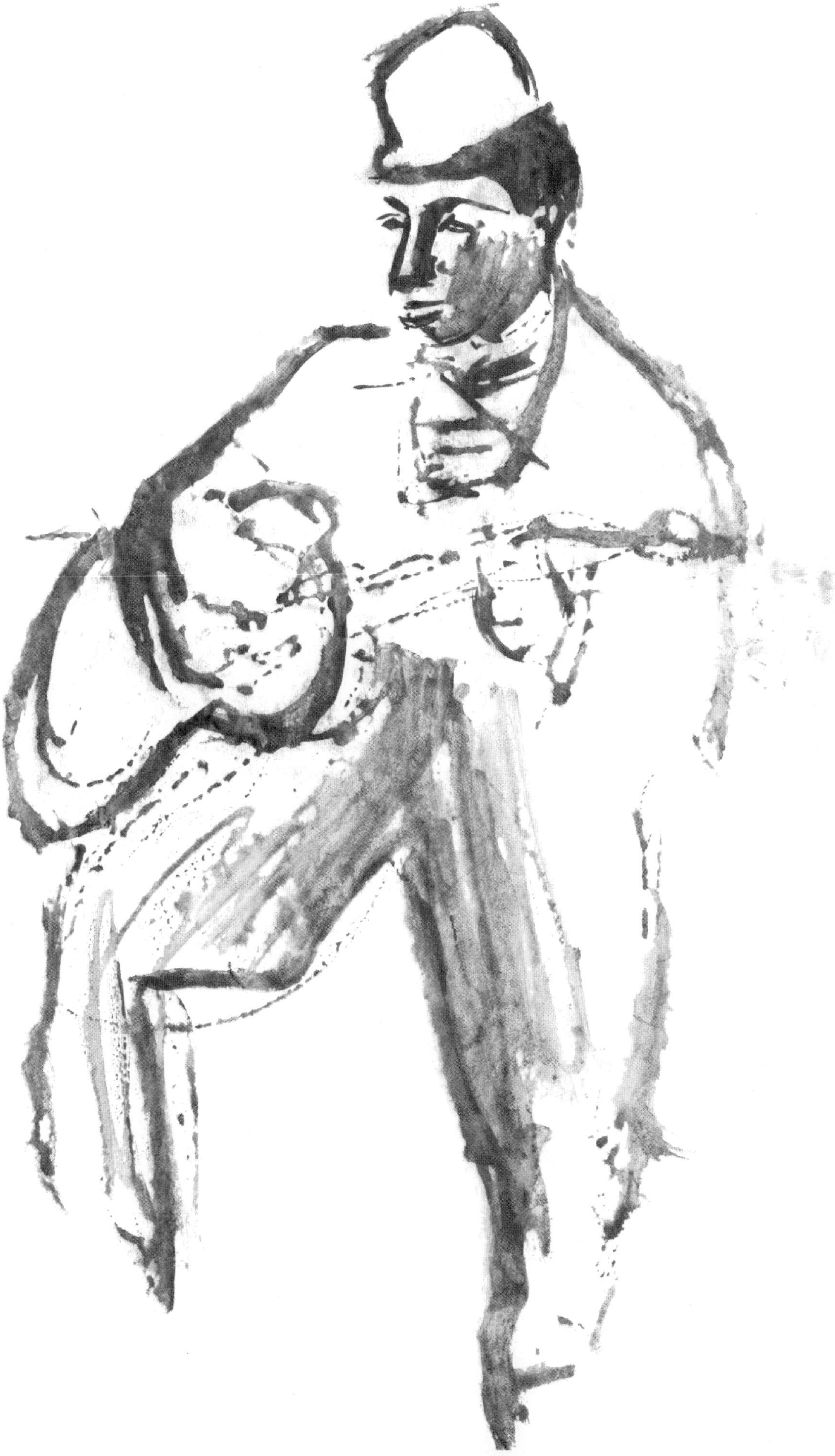

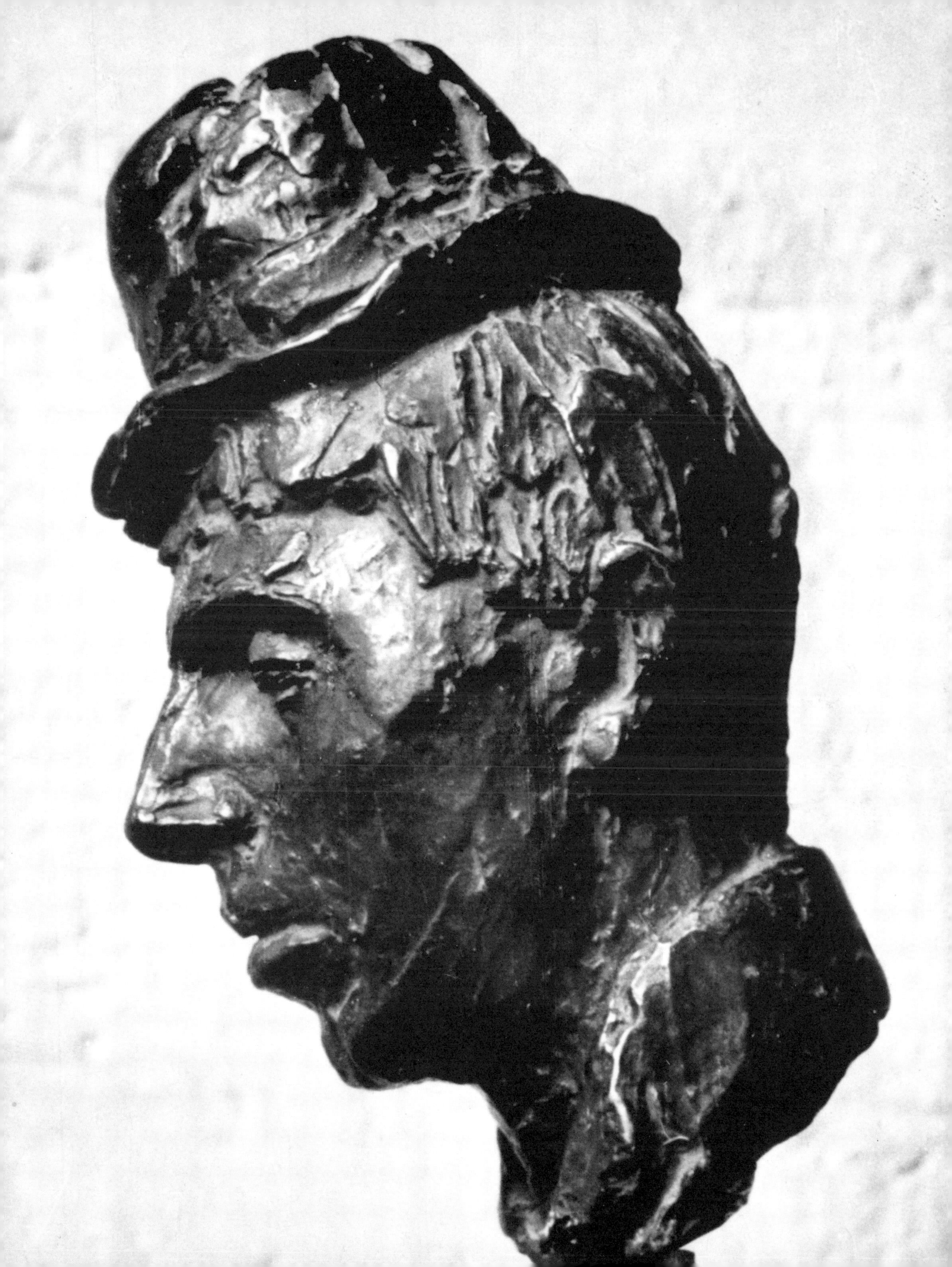

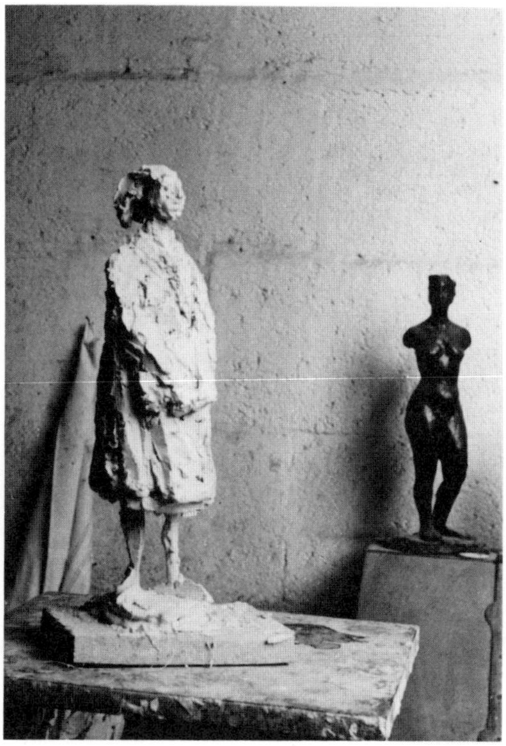

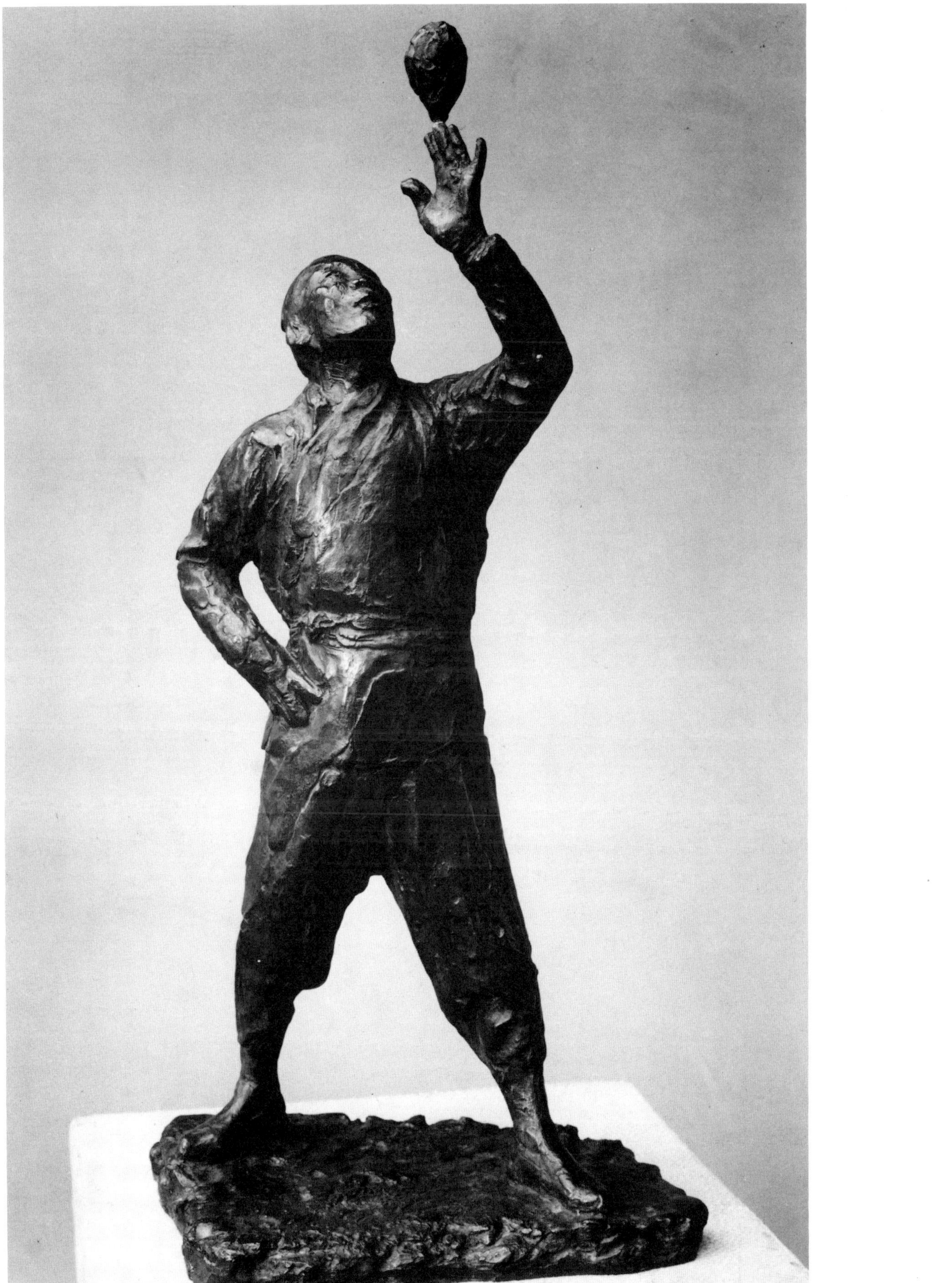

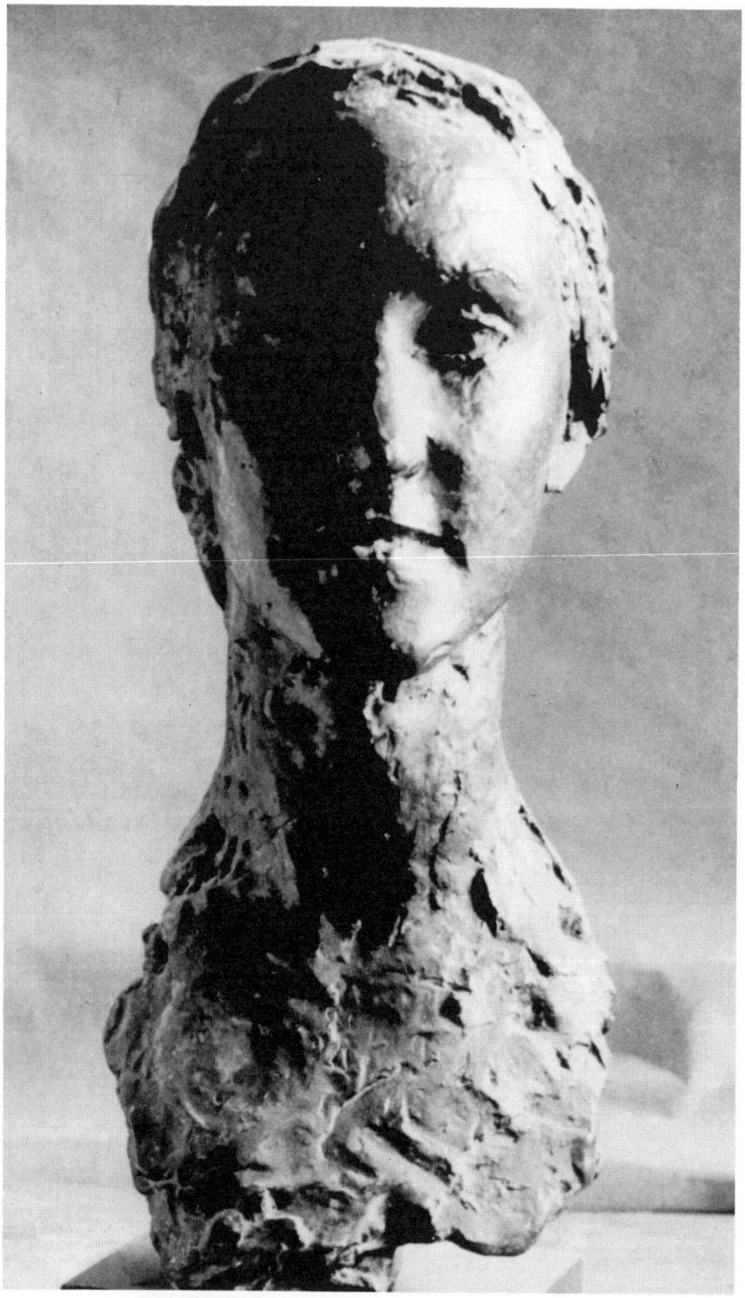

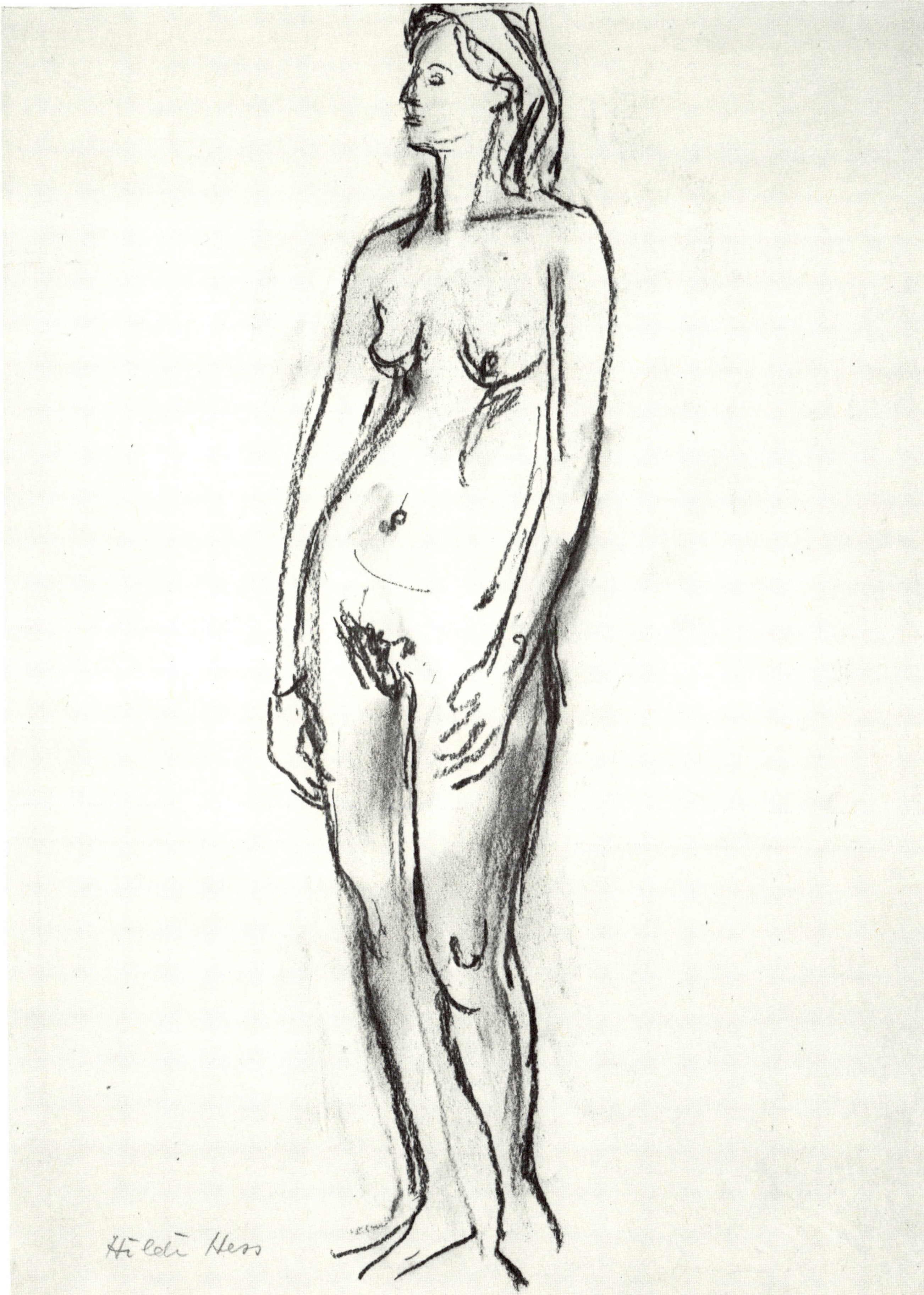
Hilde Hess

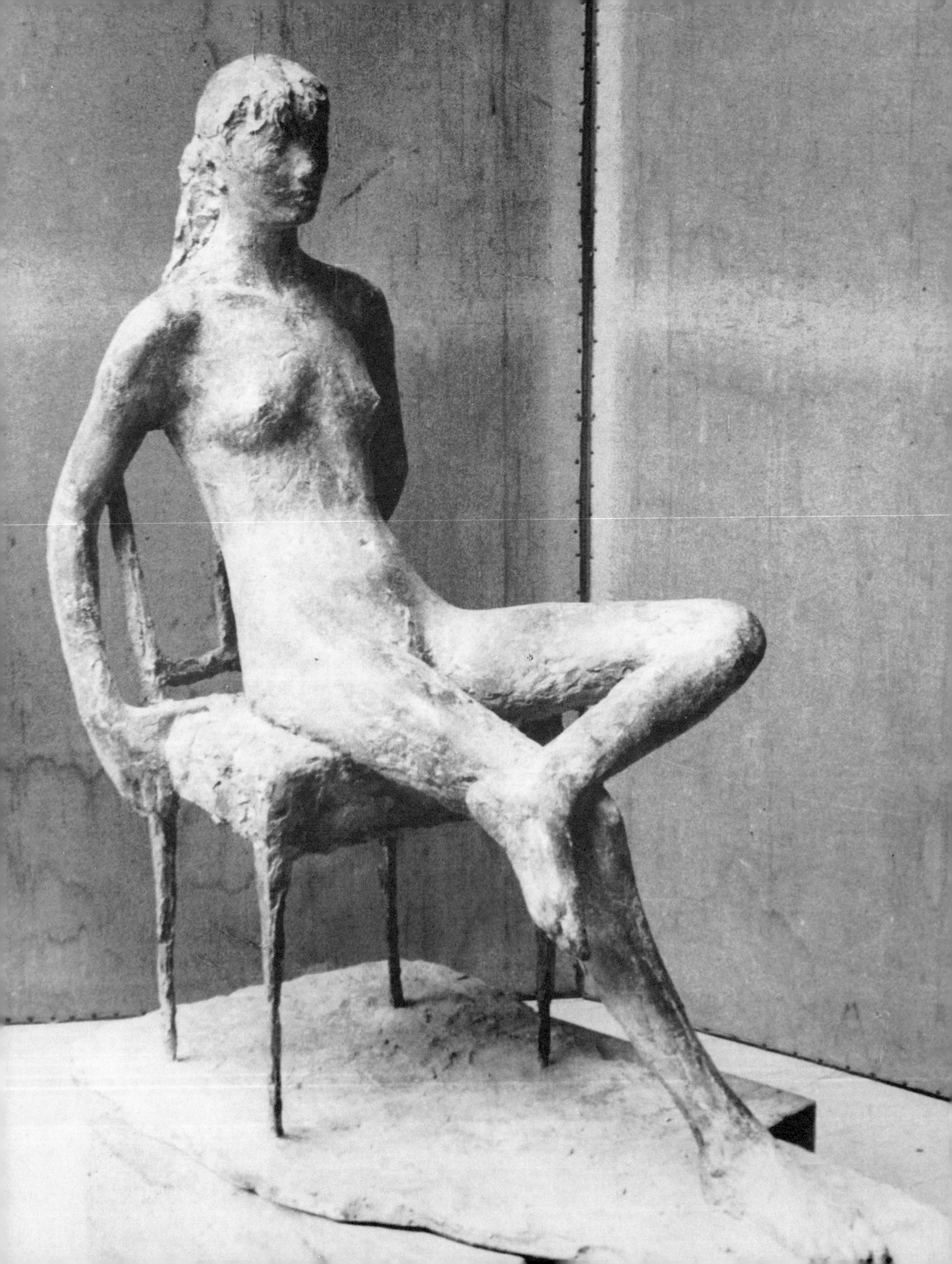

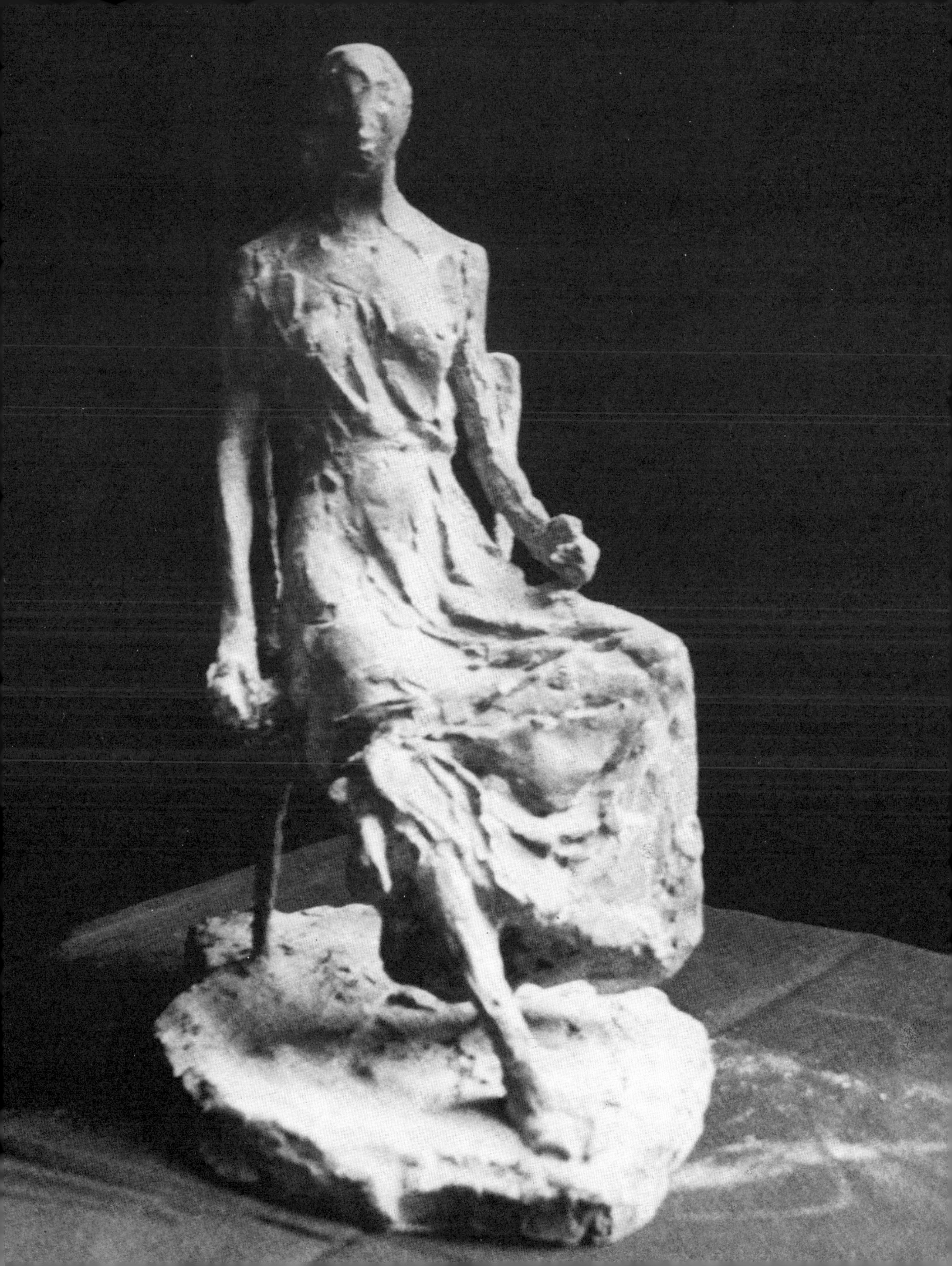

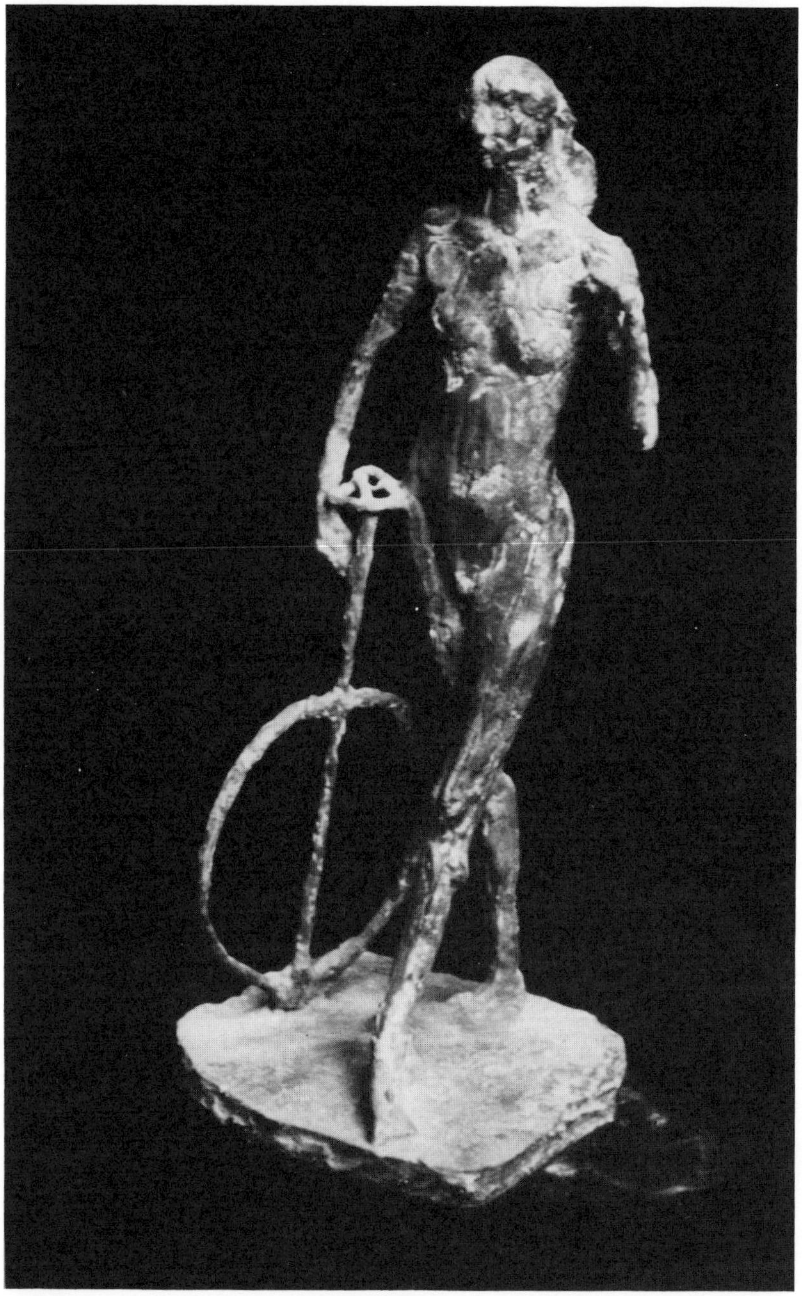

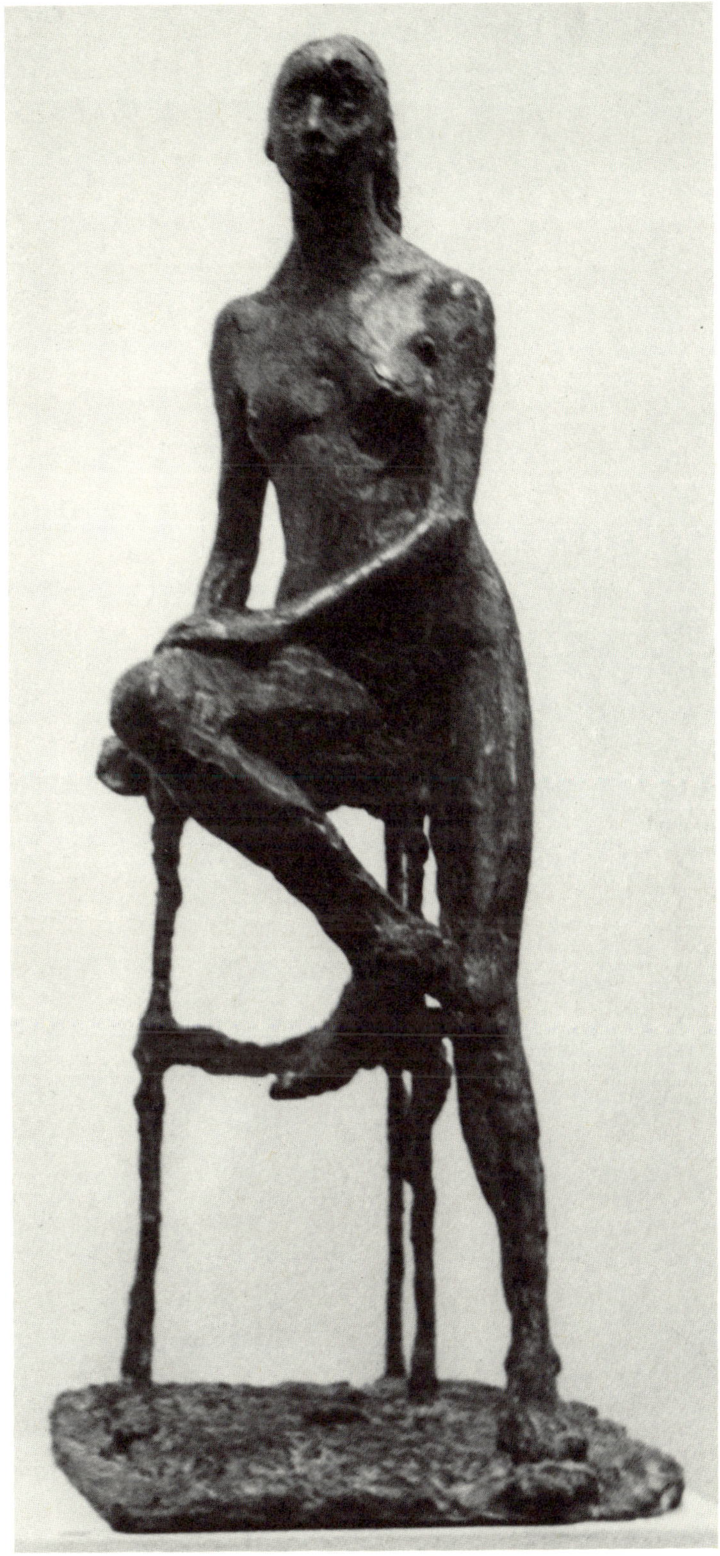

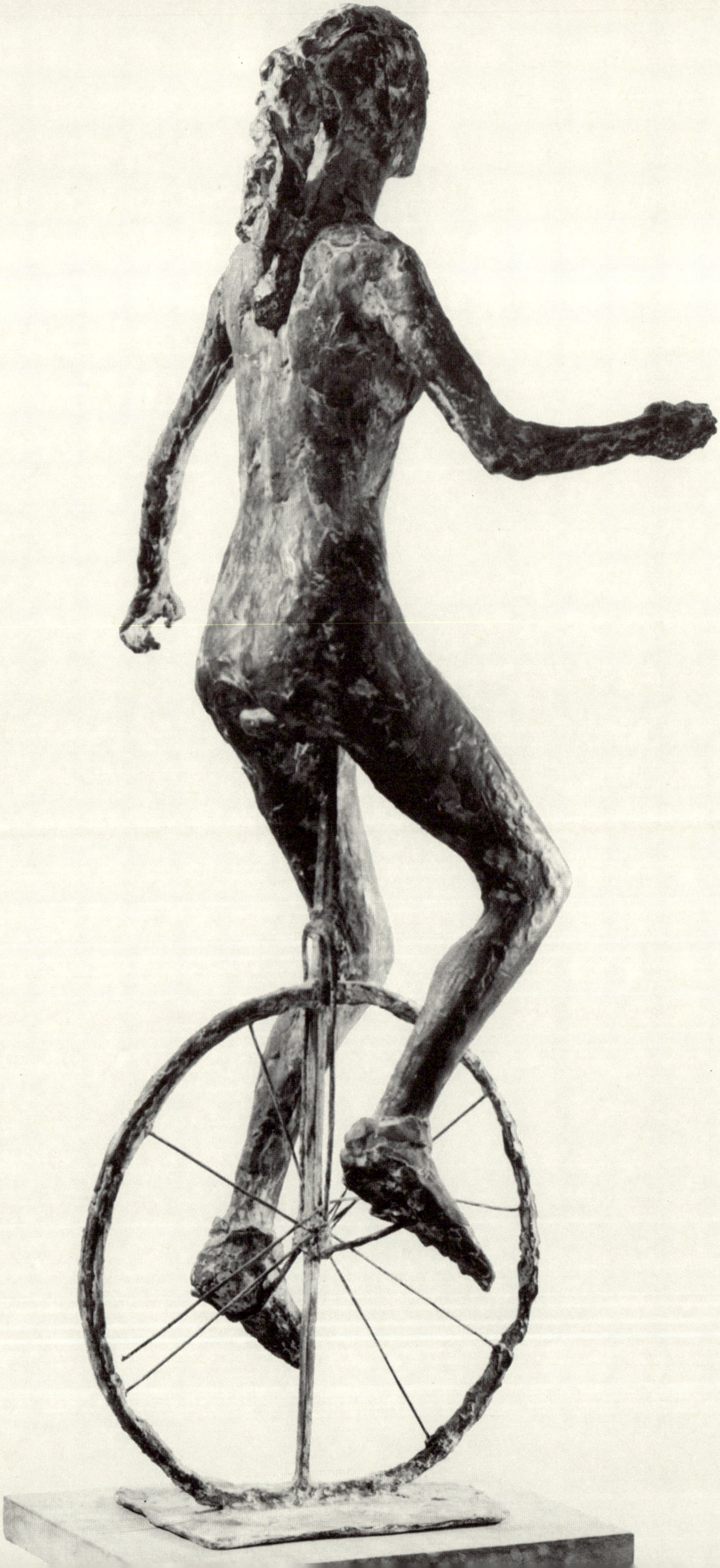

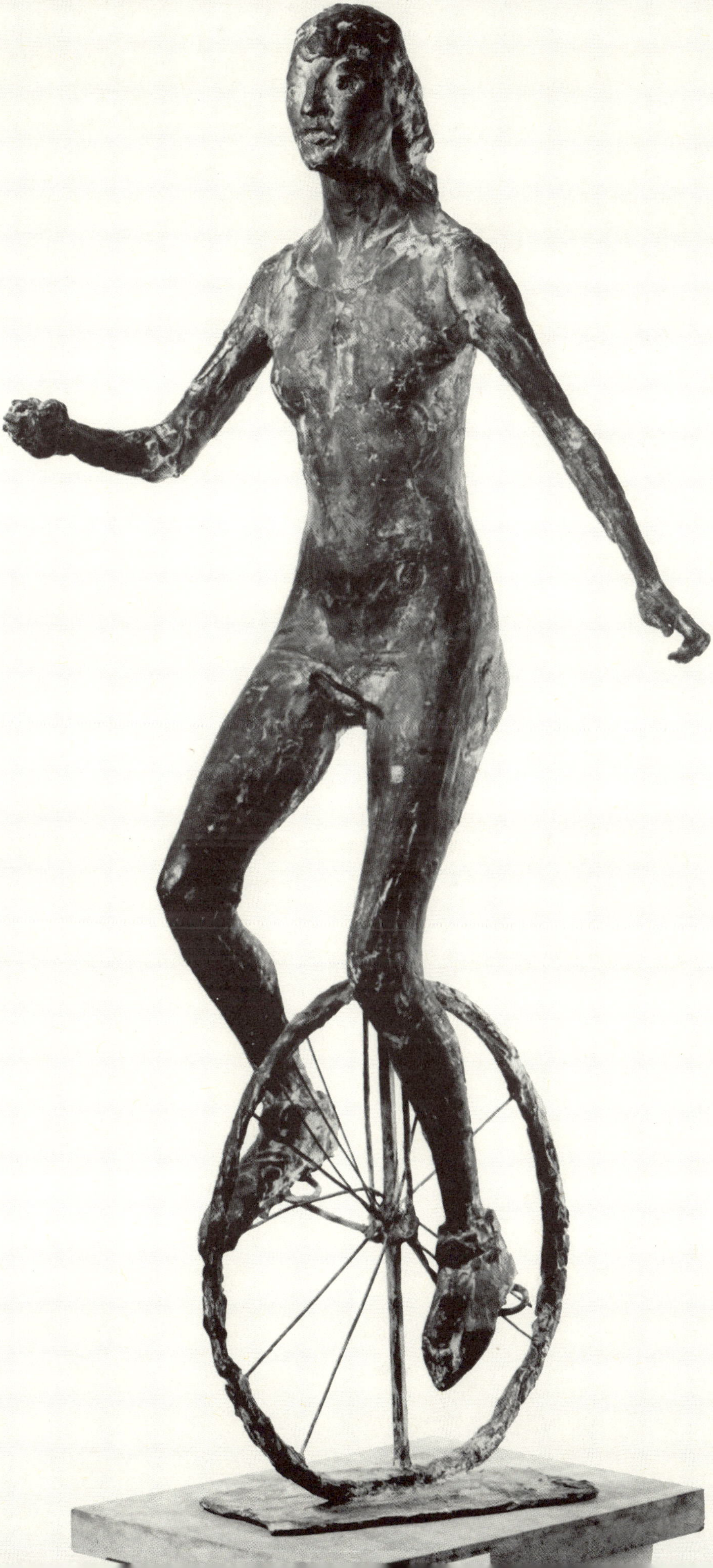

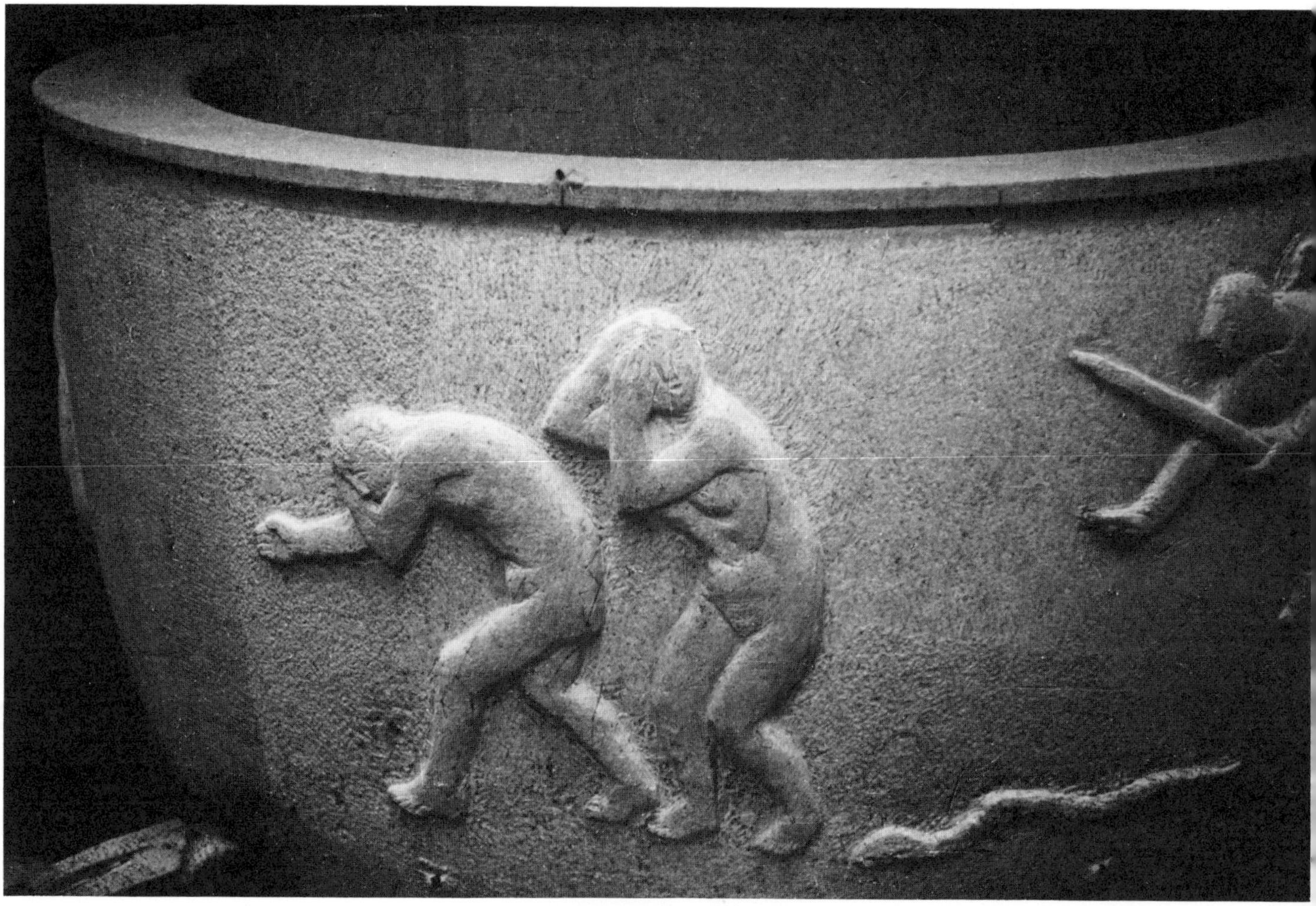

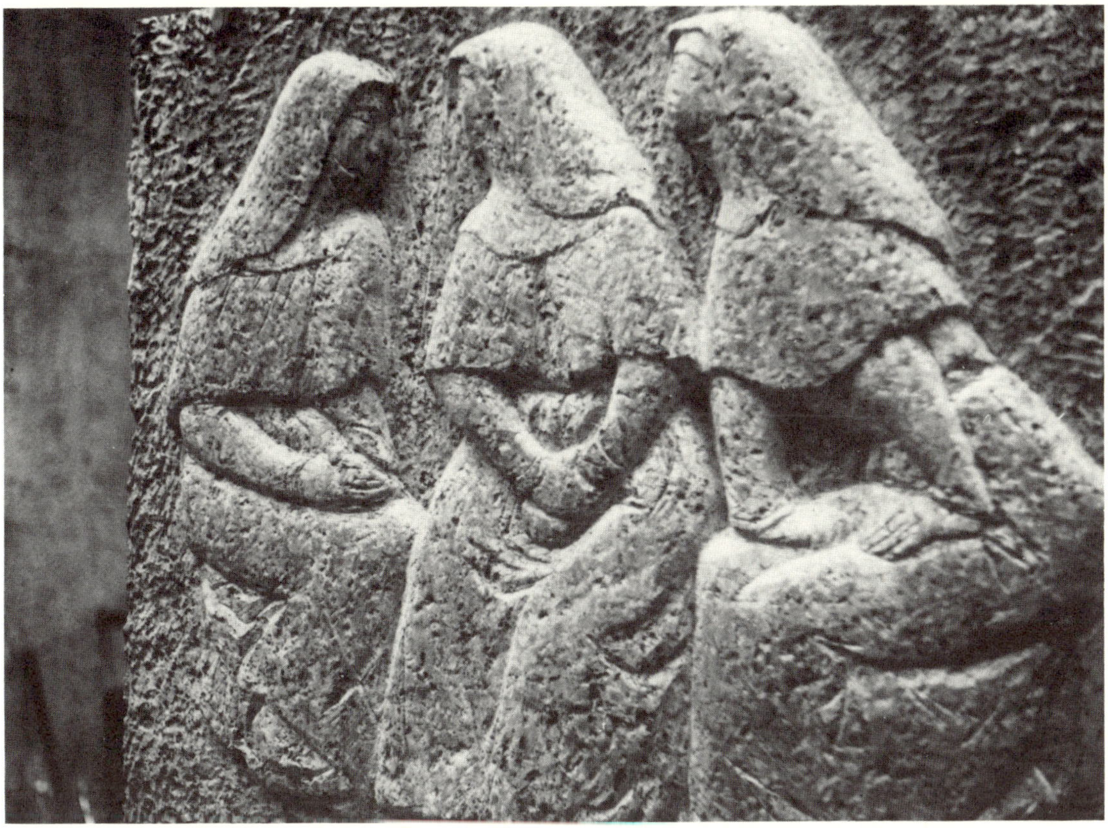

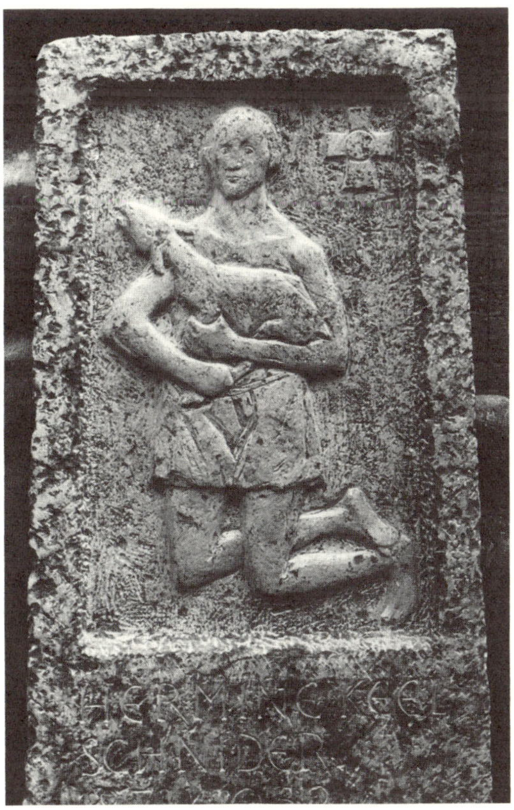

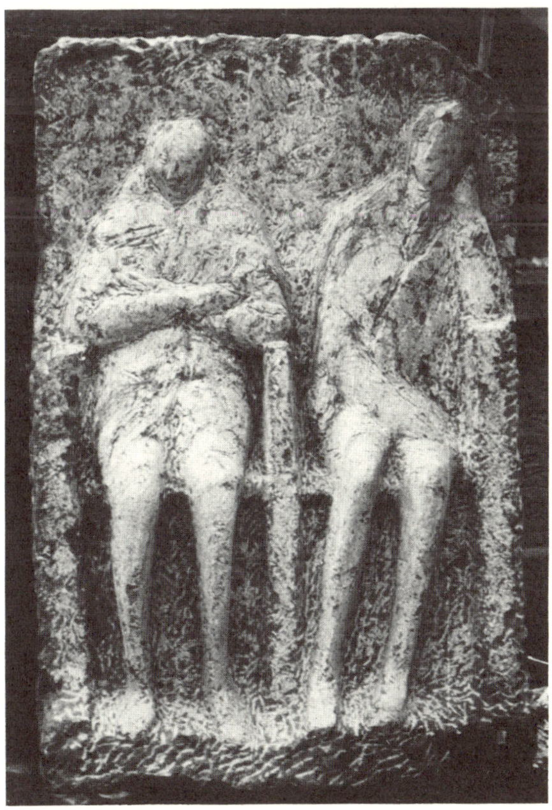

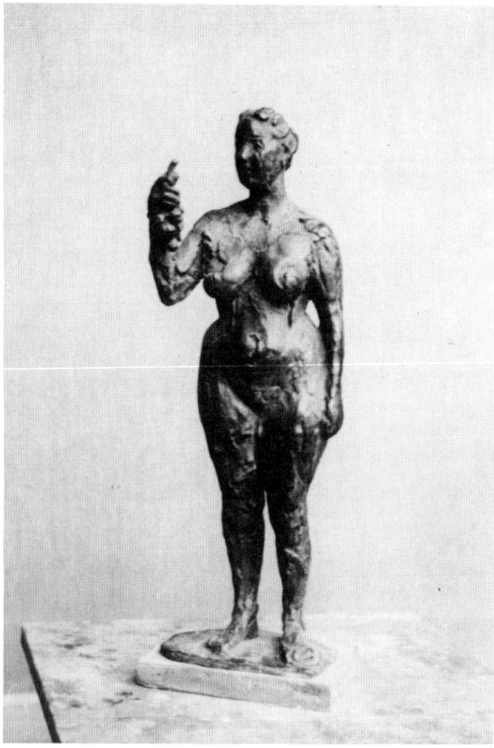

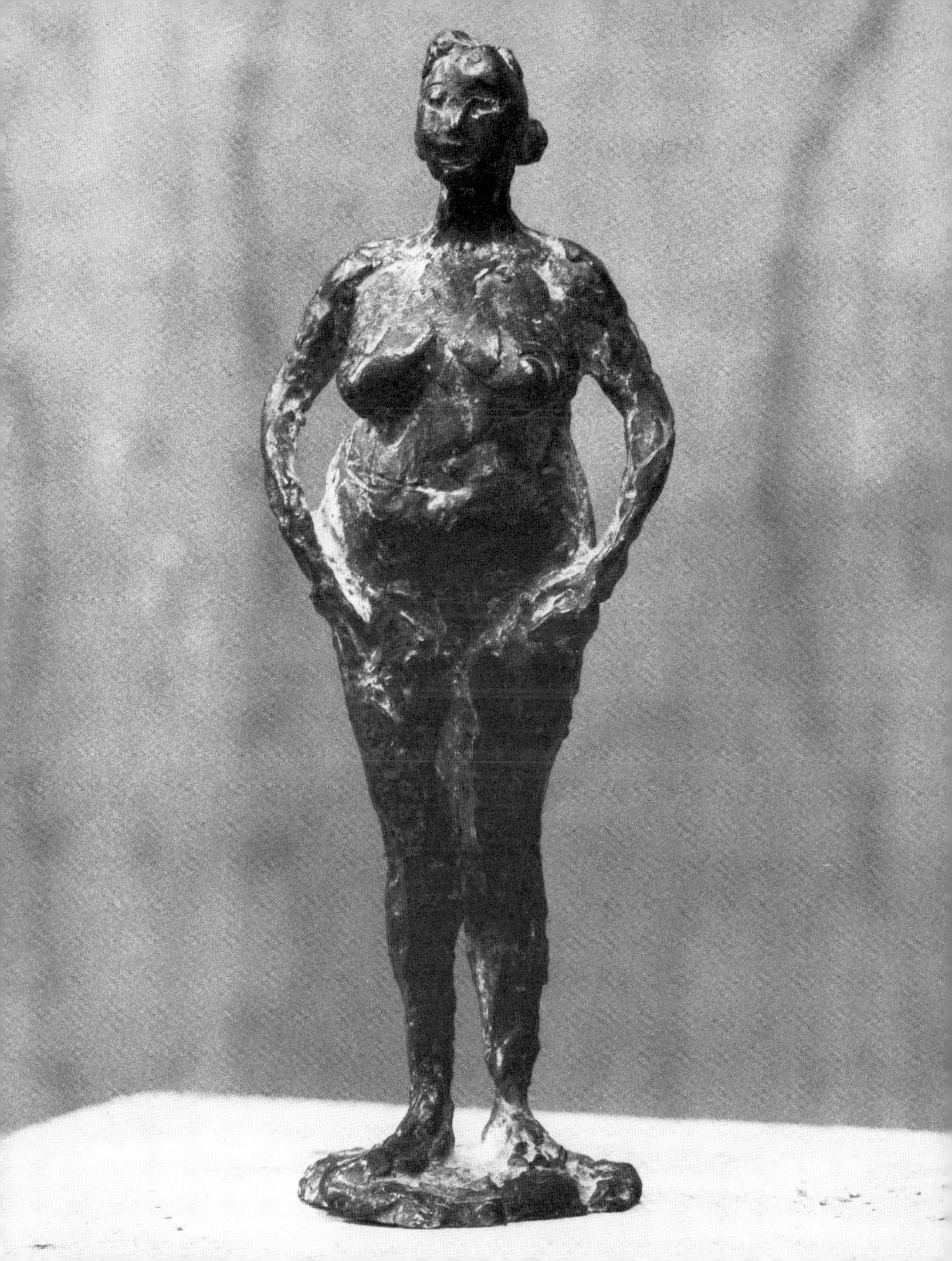

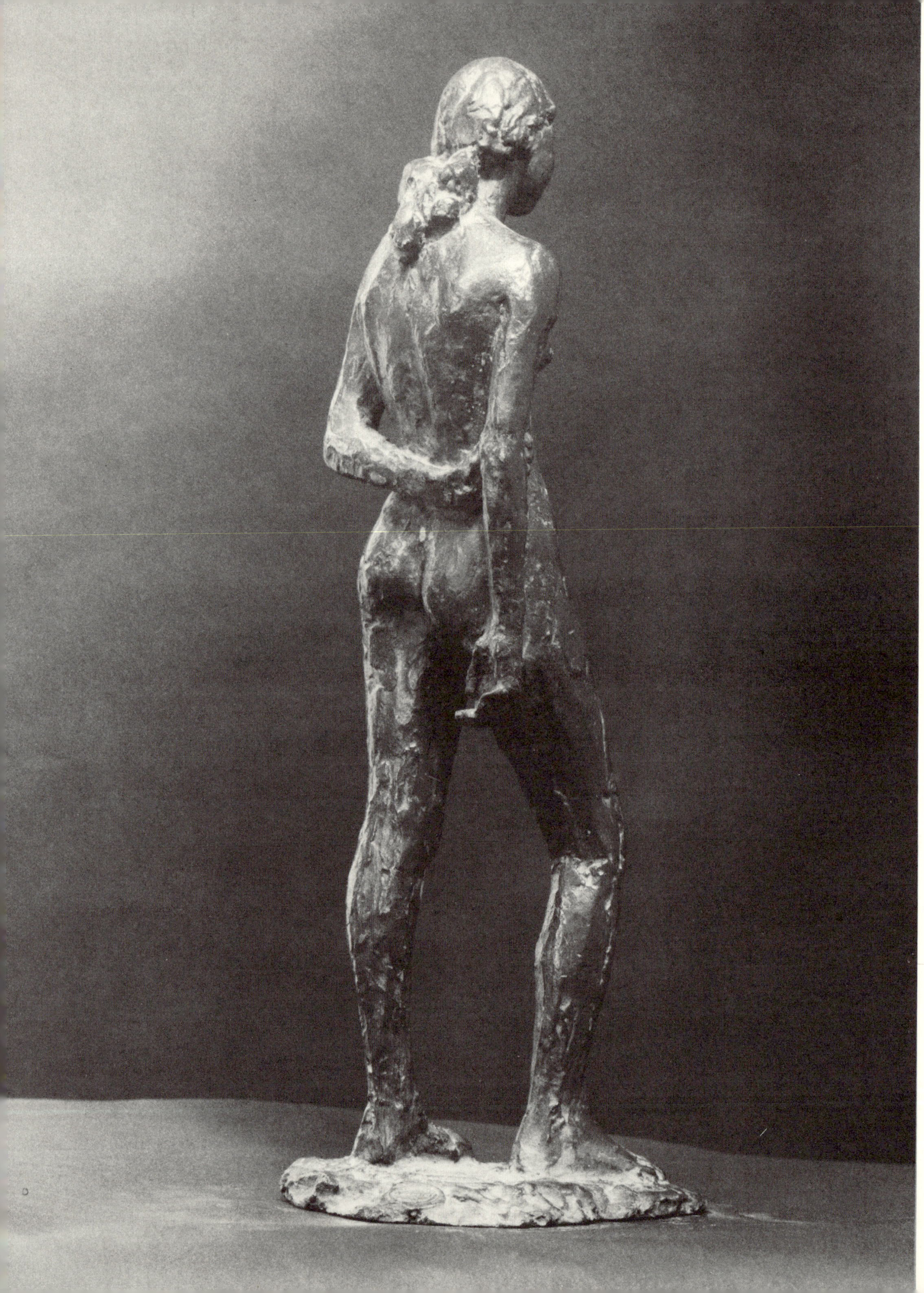

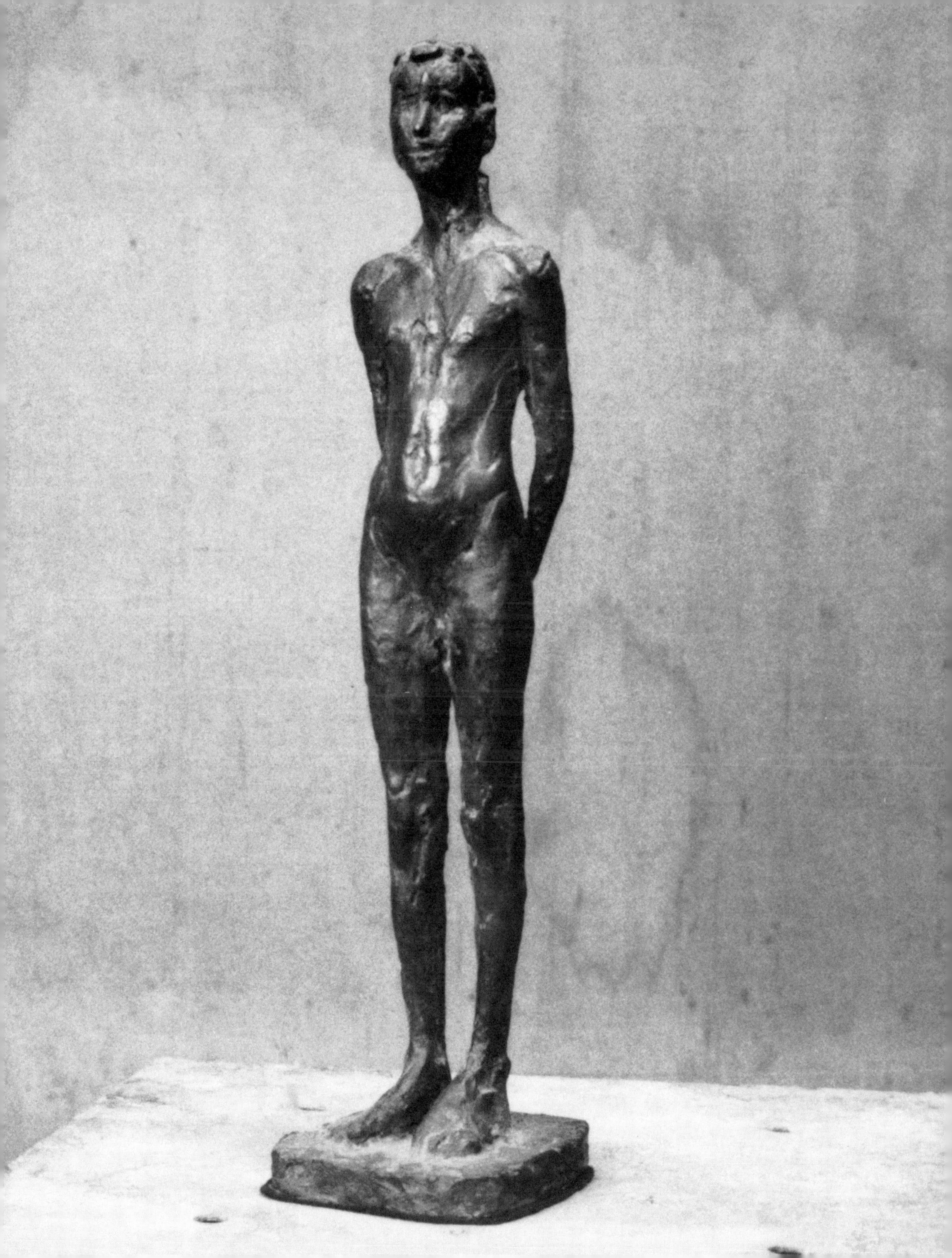

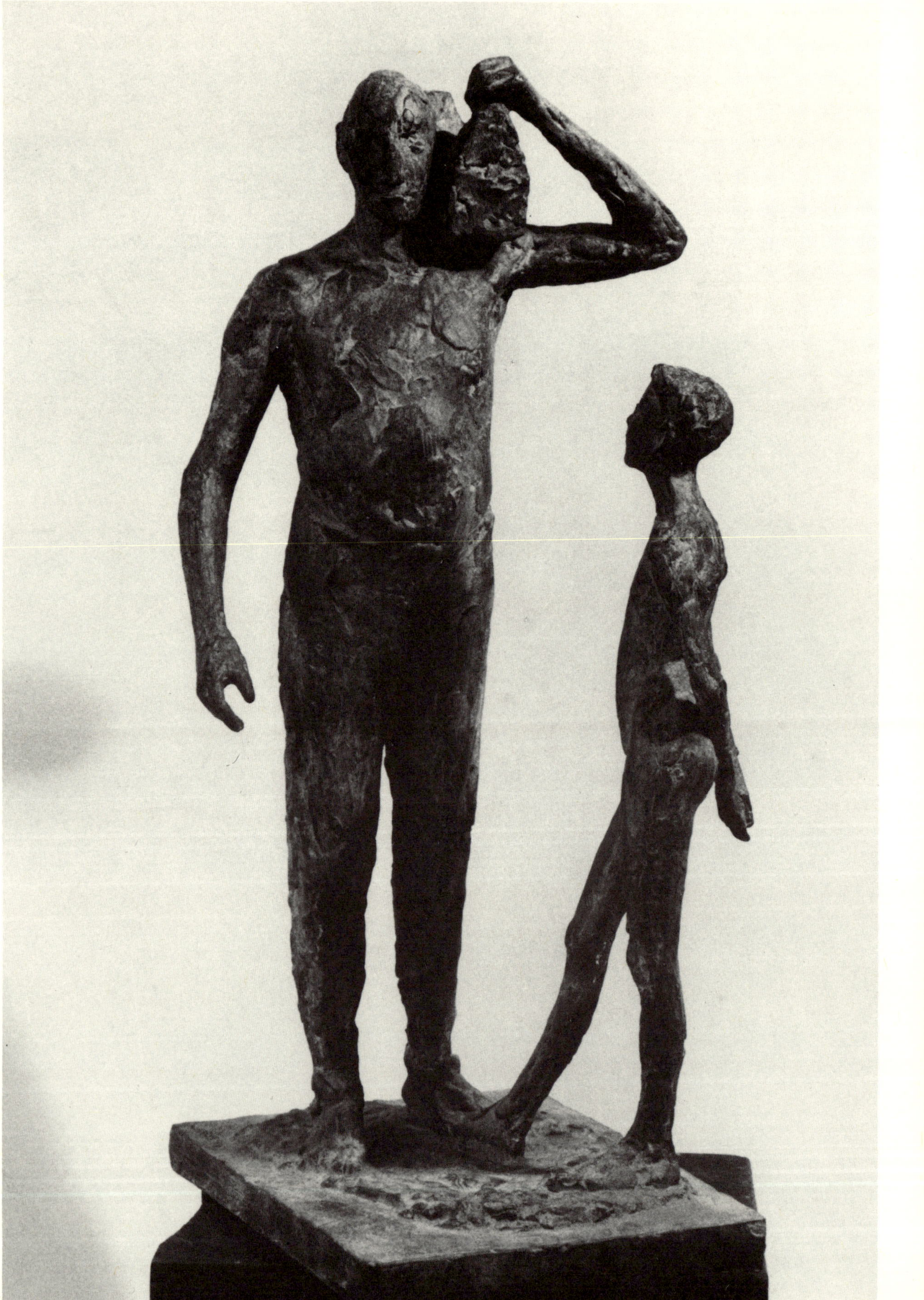

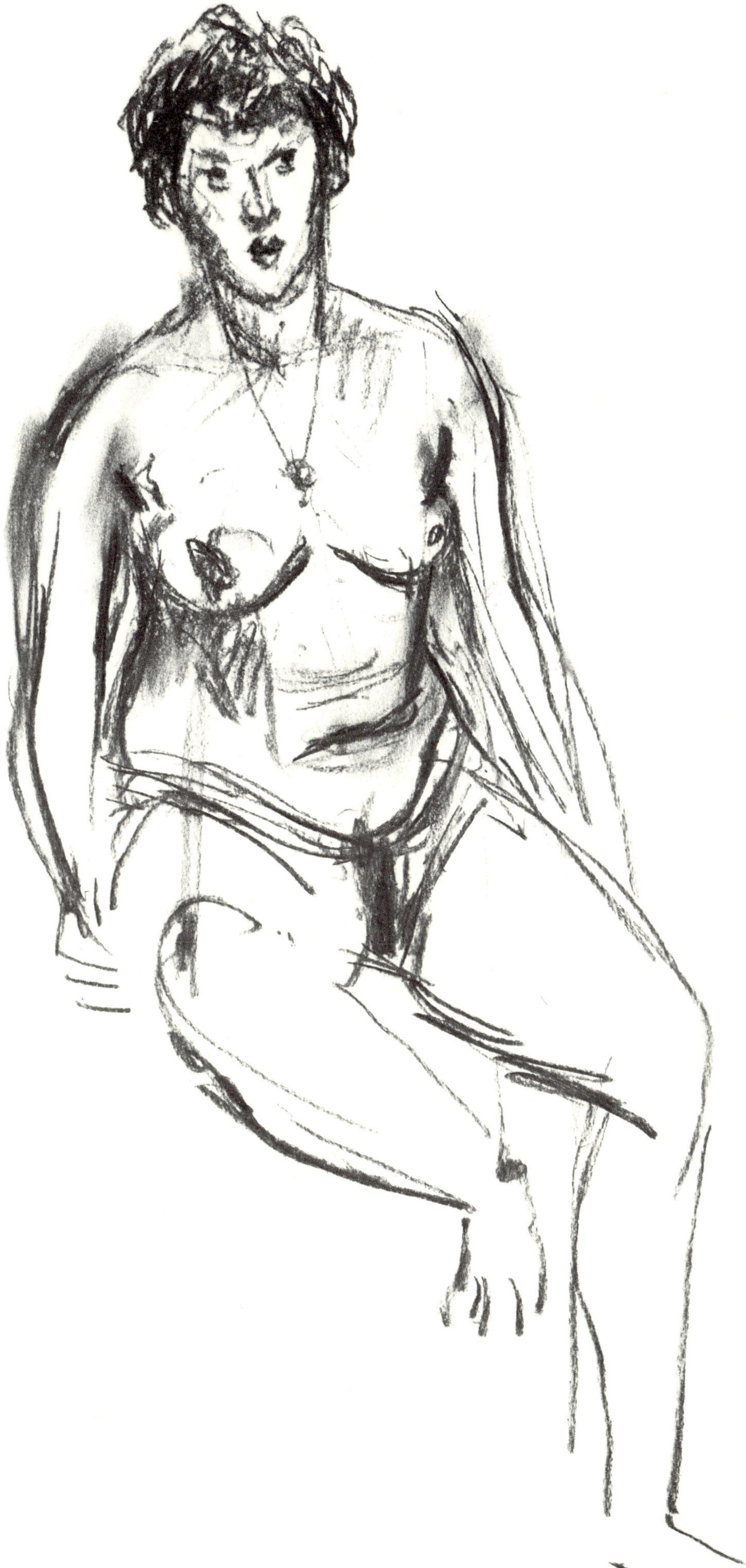

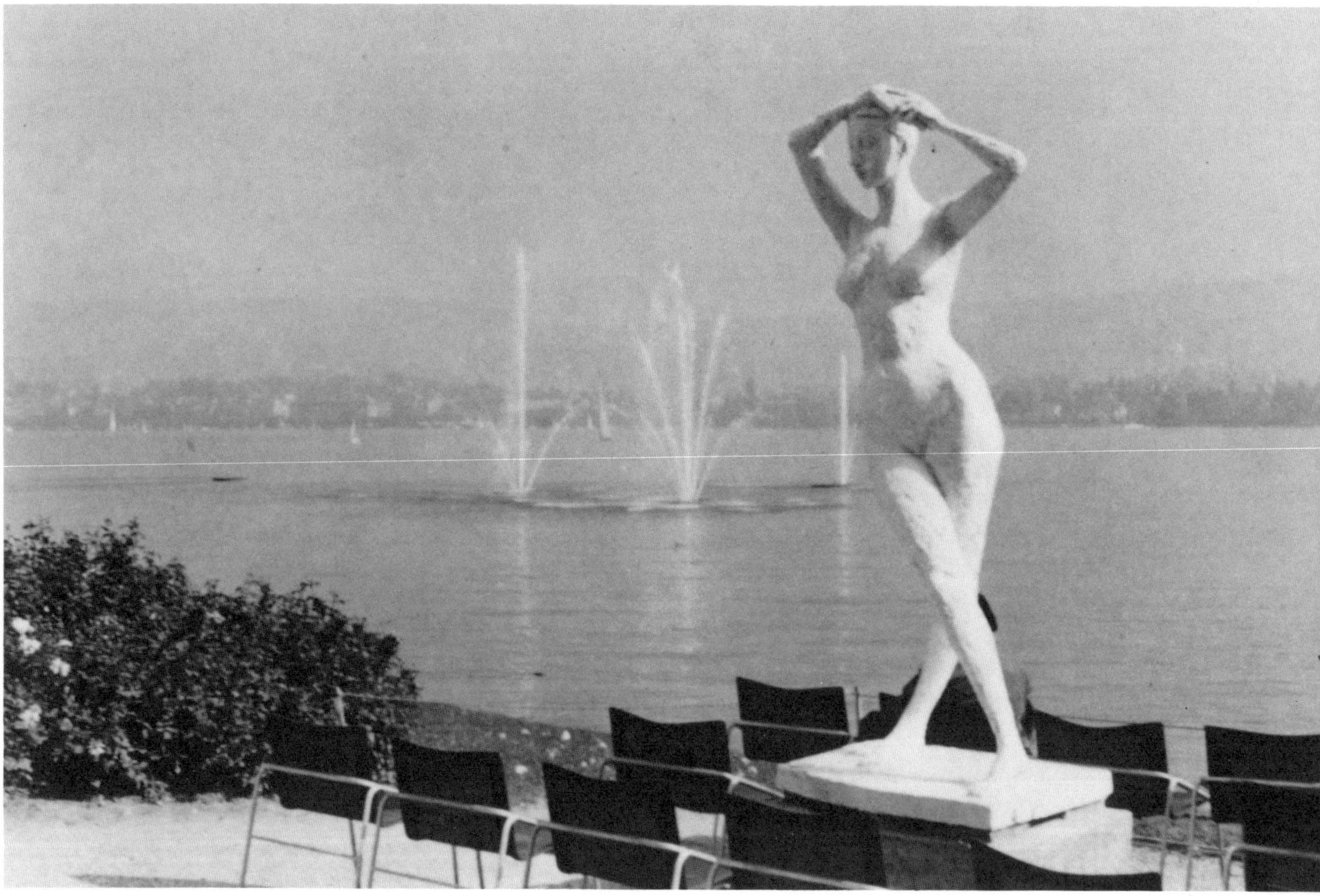

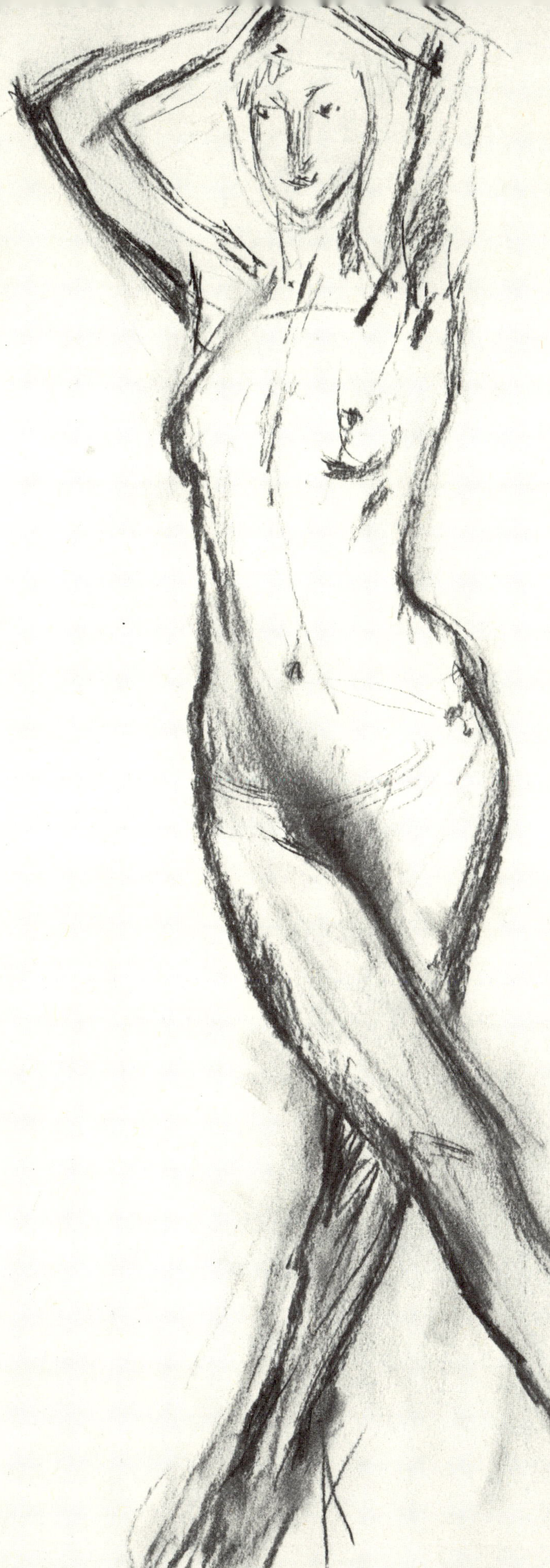

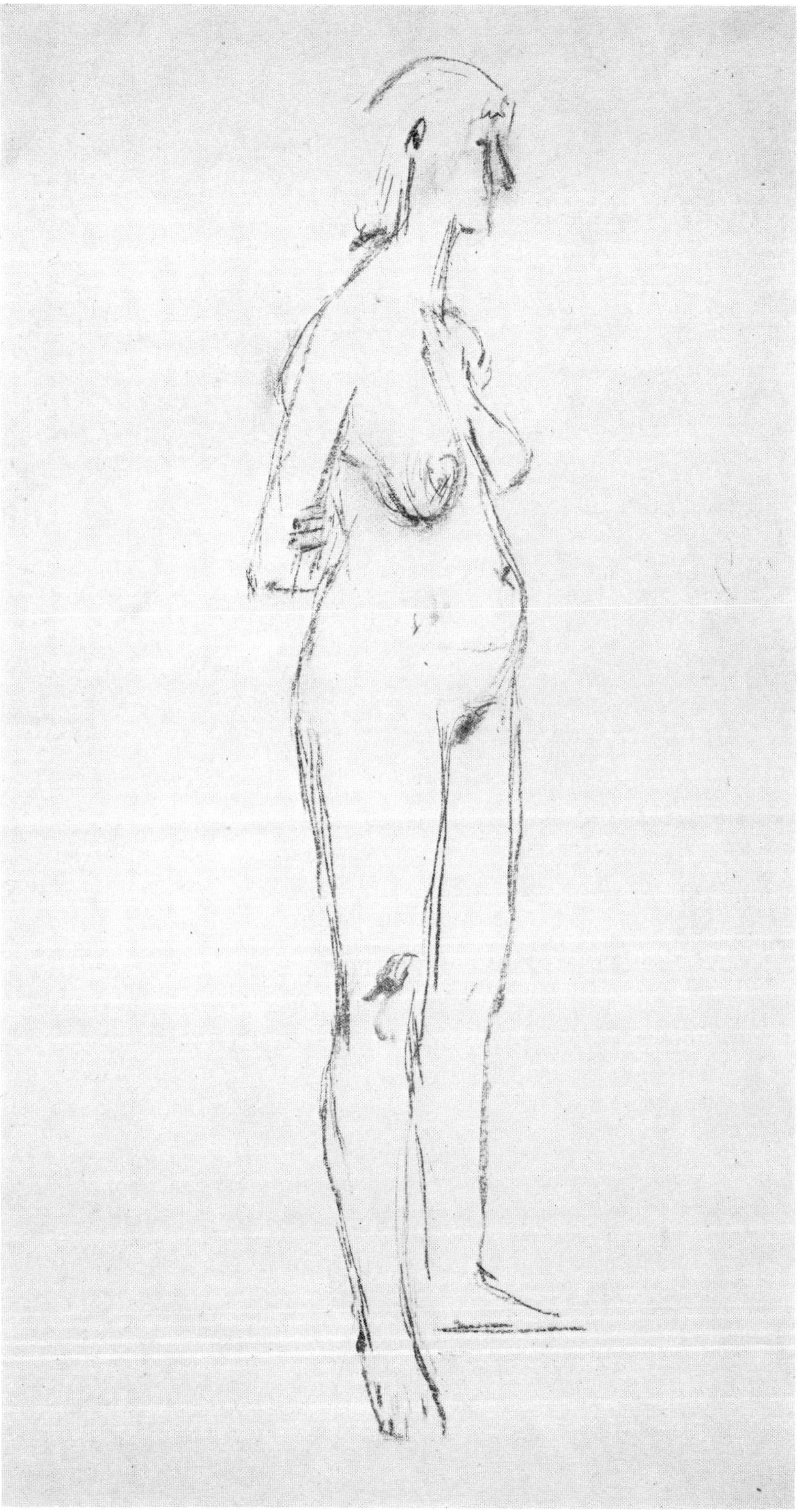

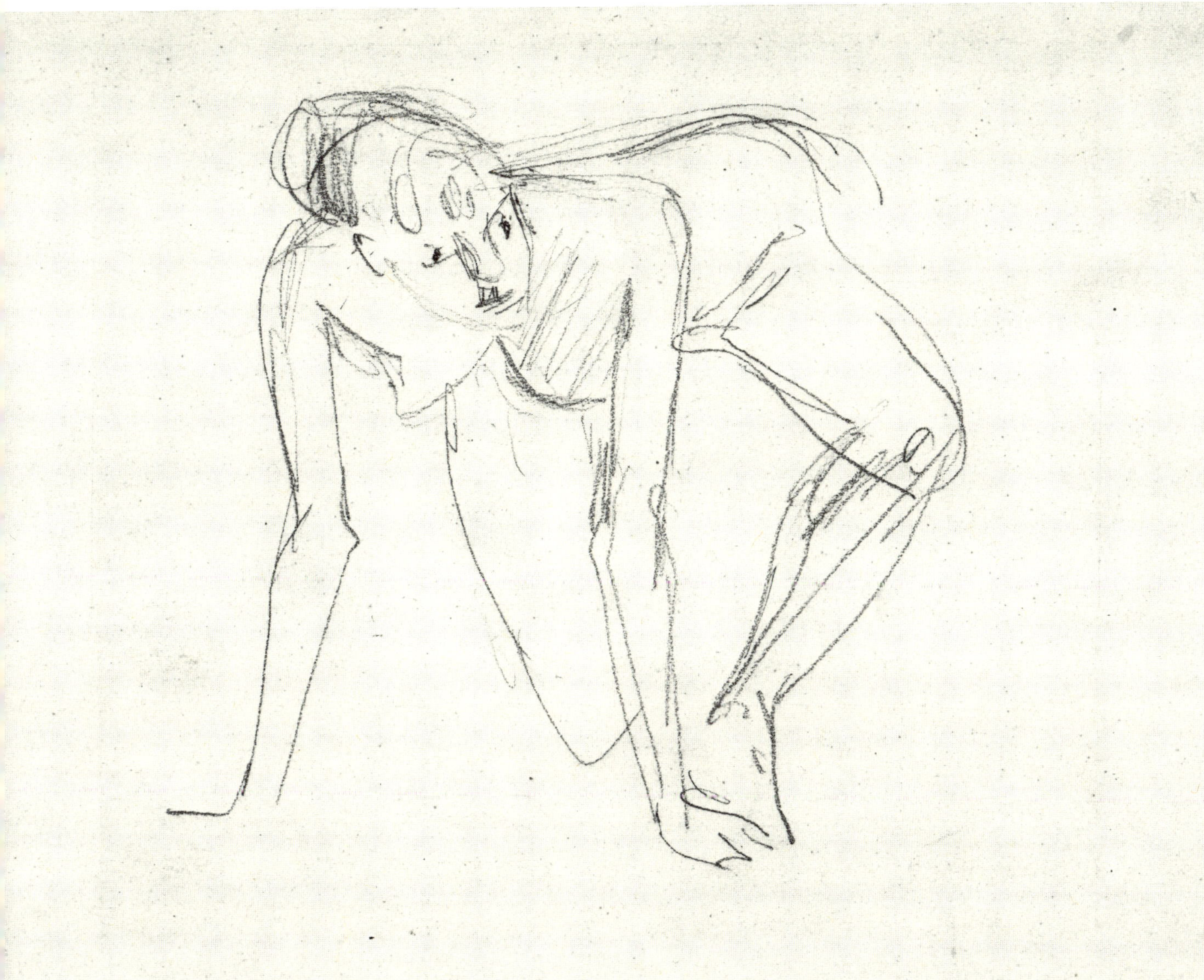

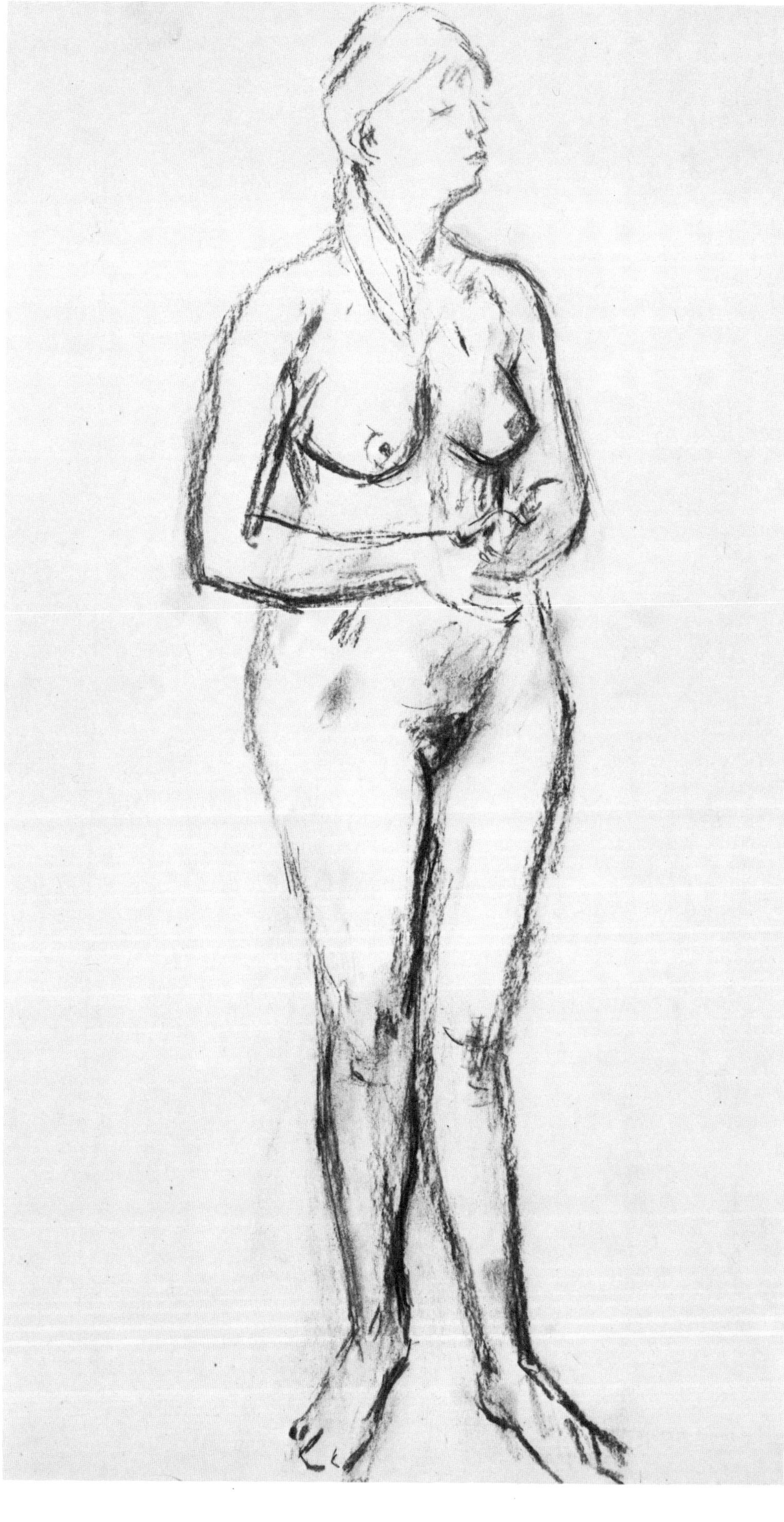

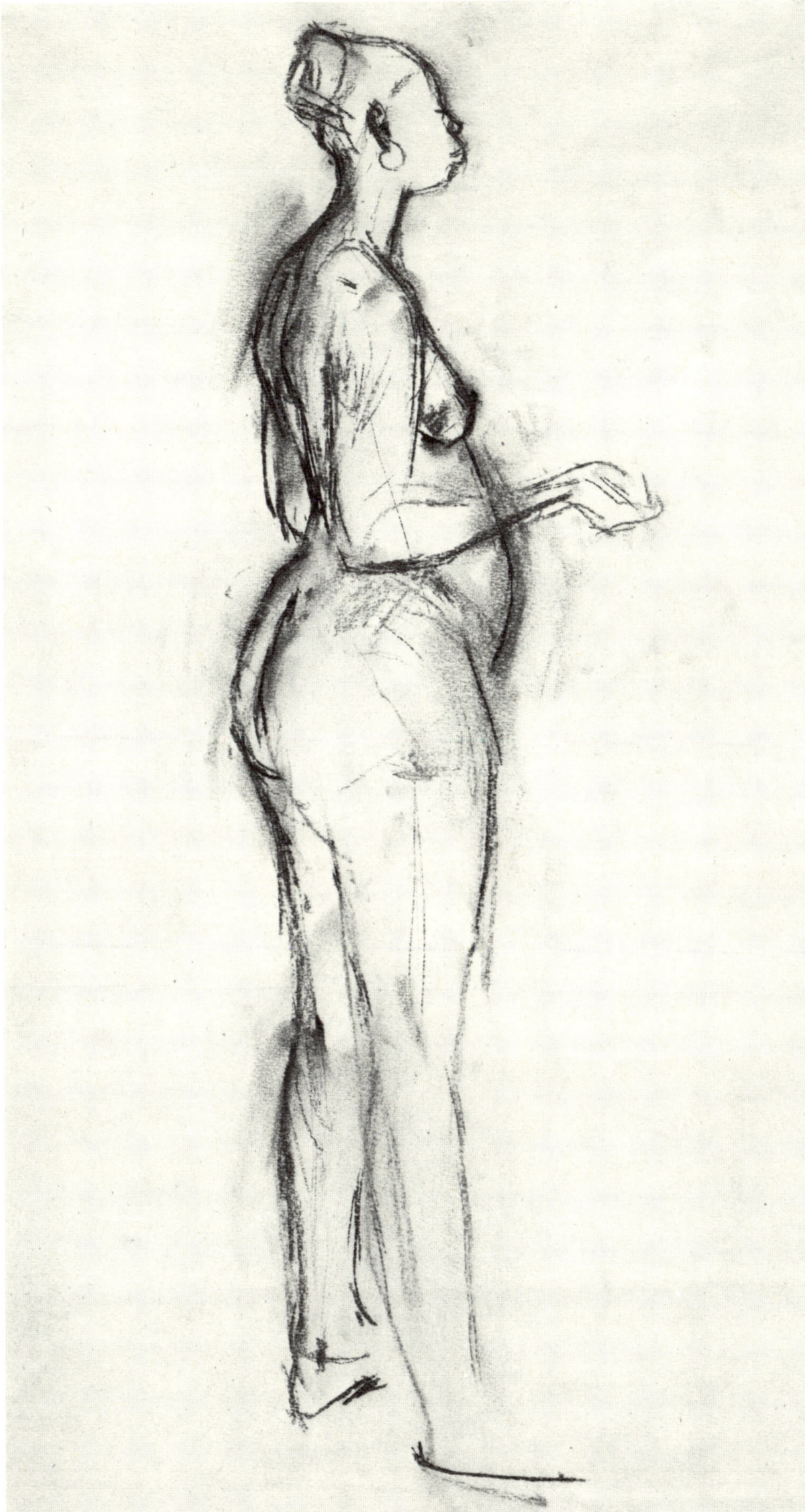

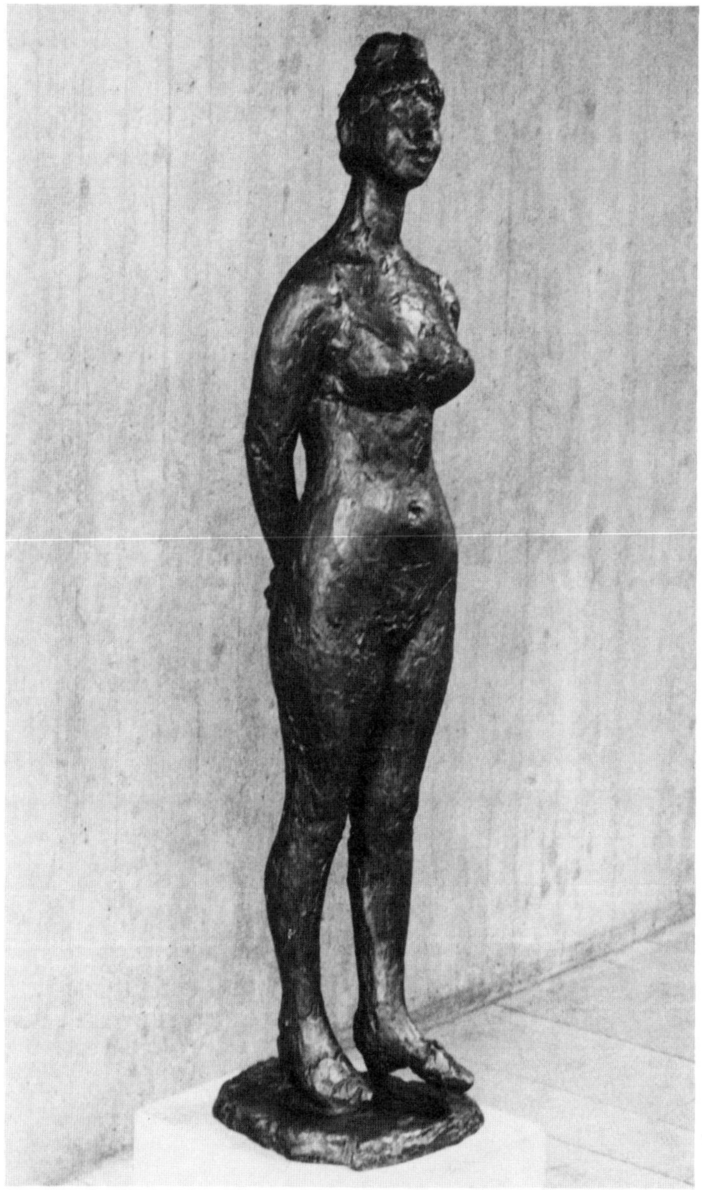

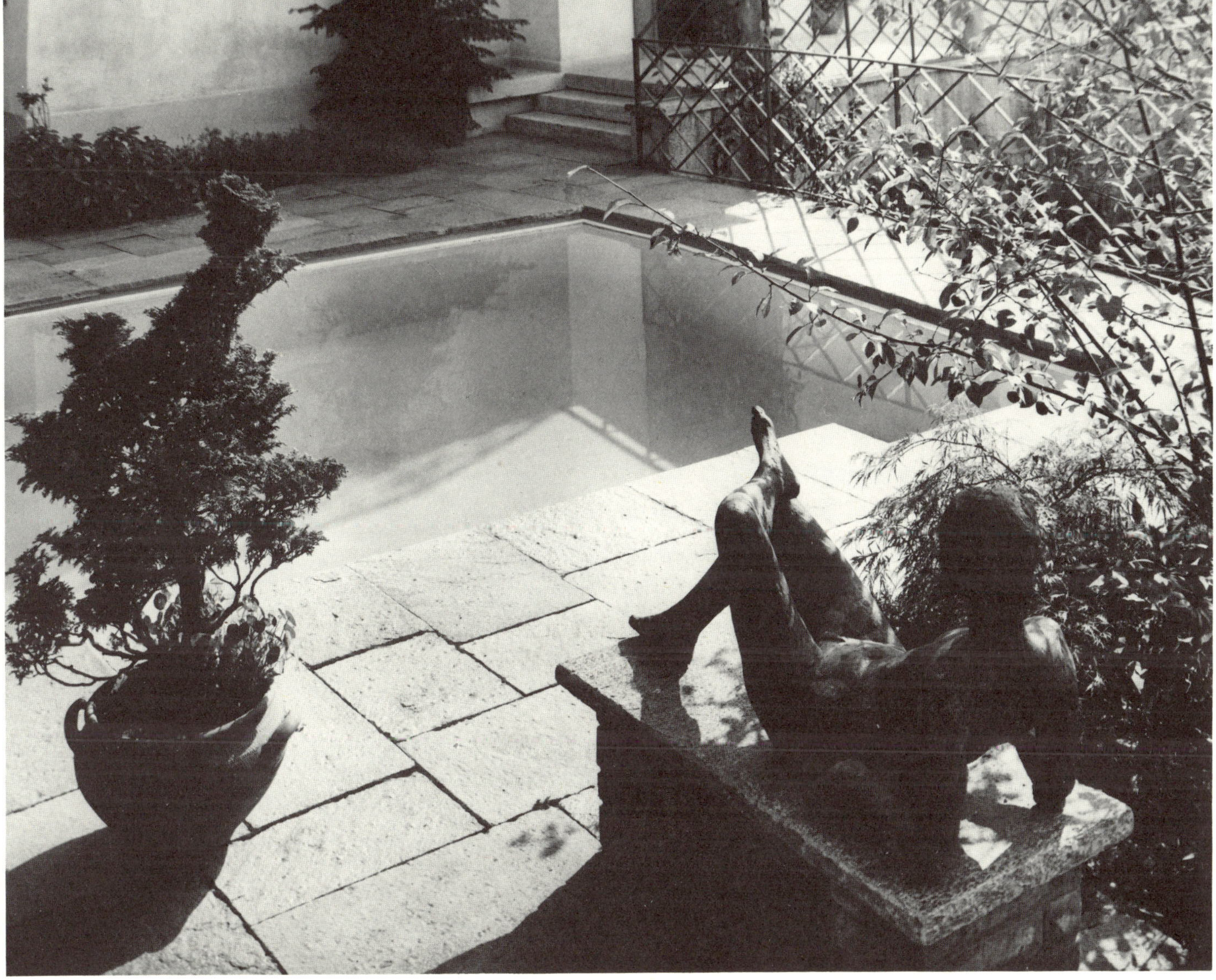

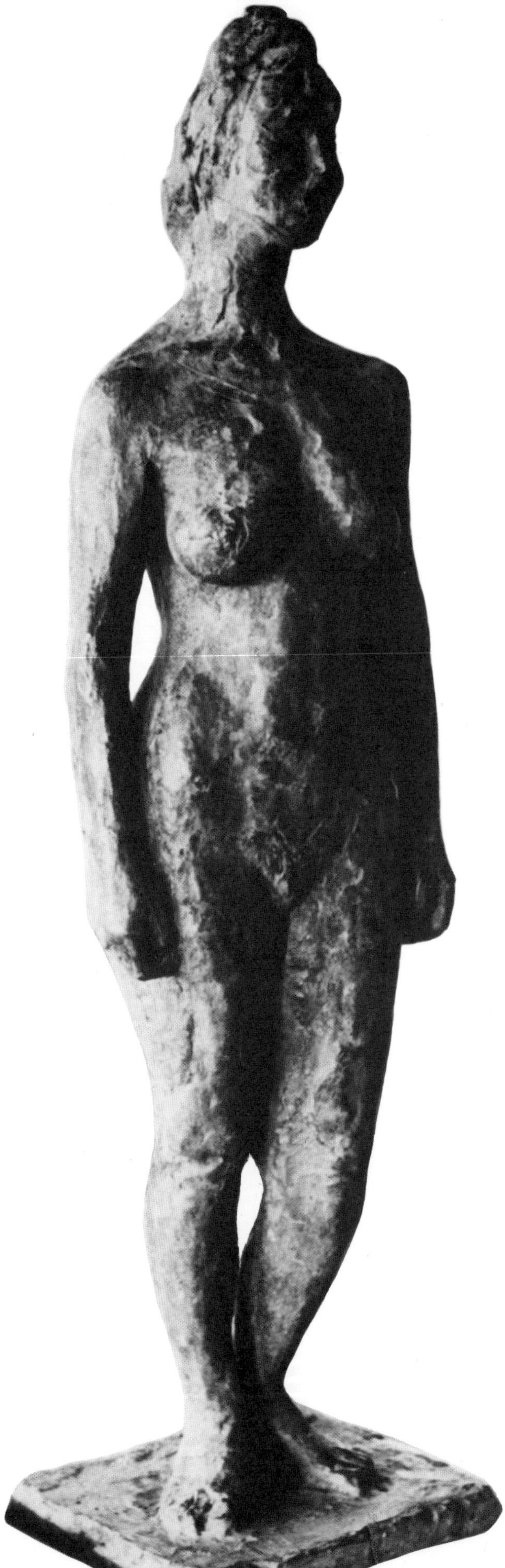

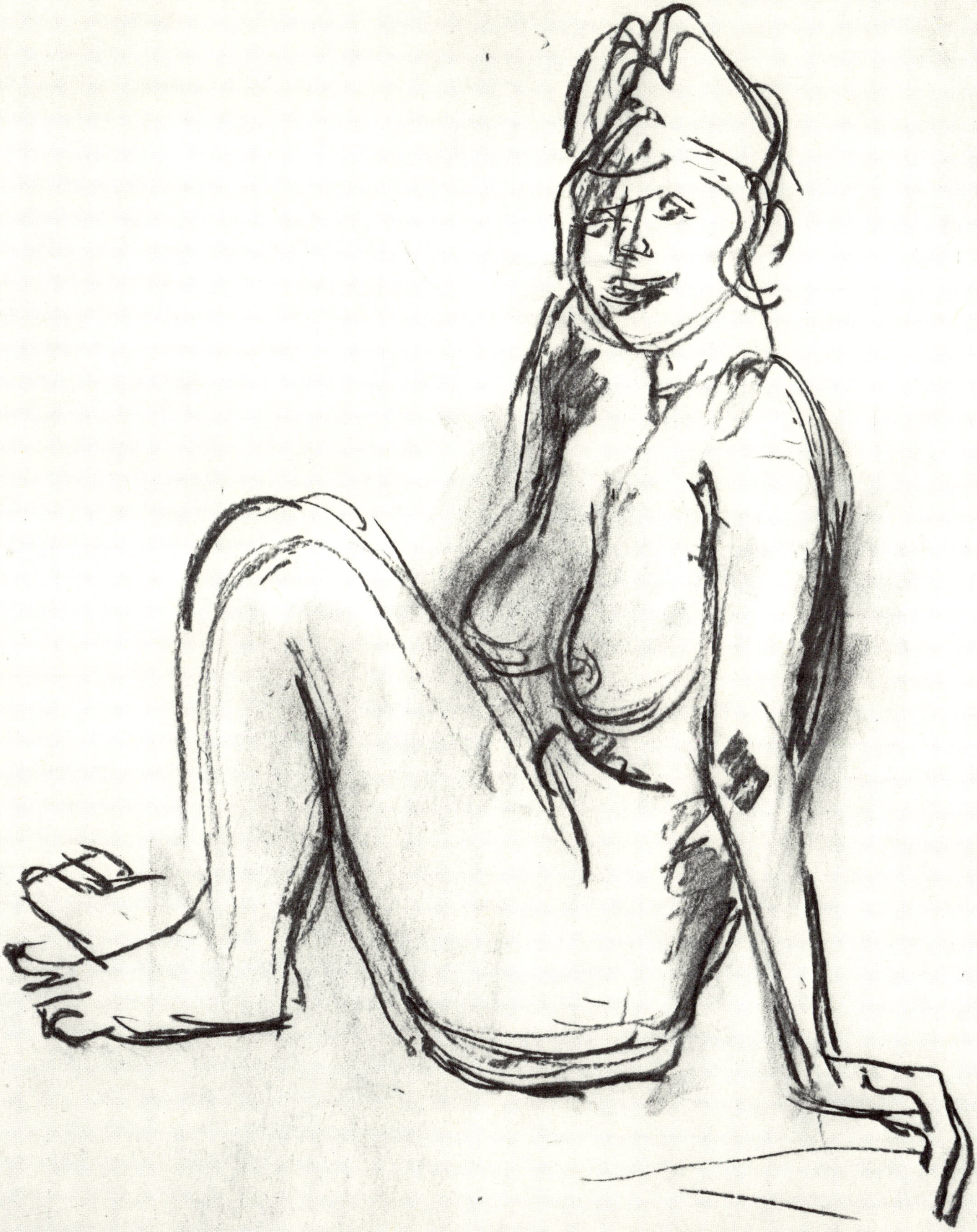

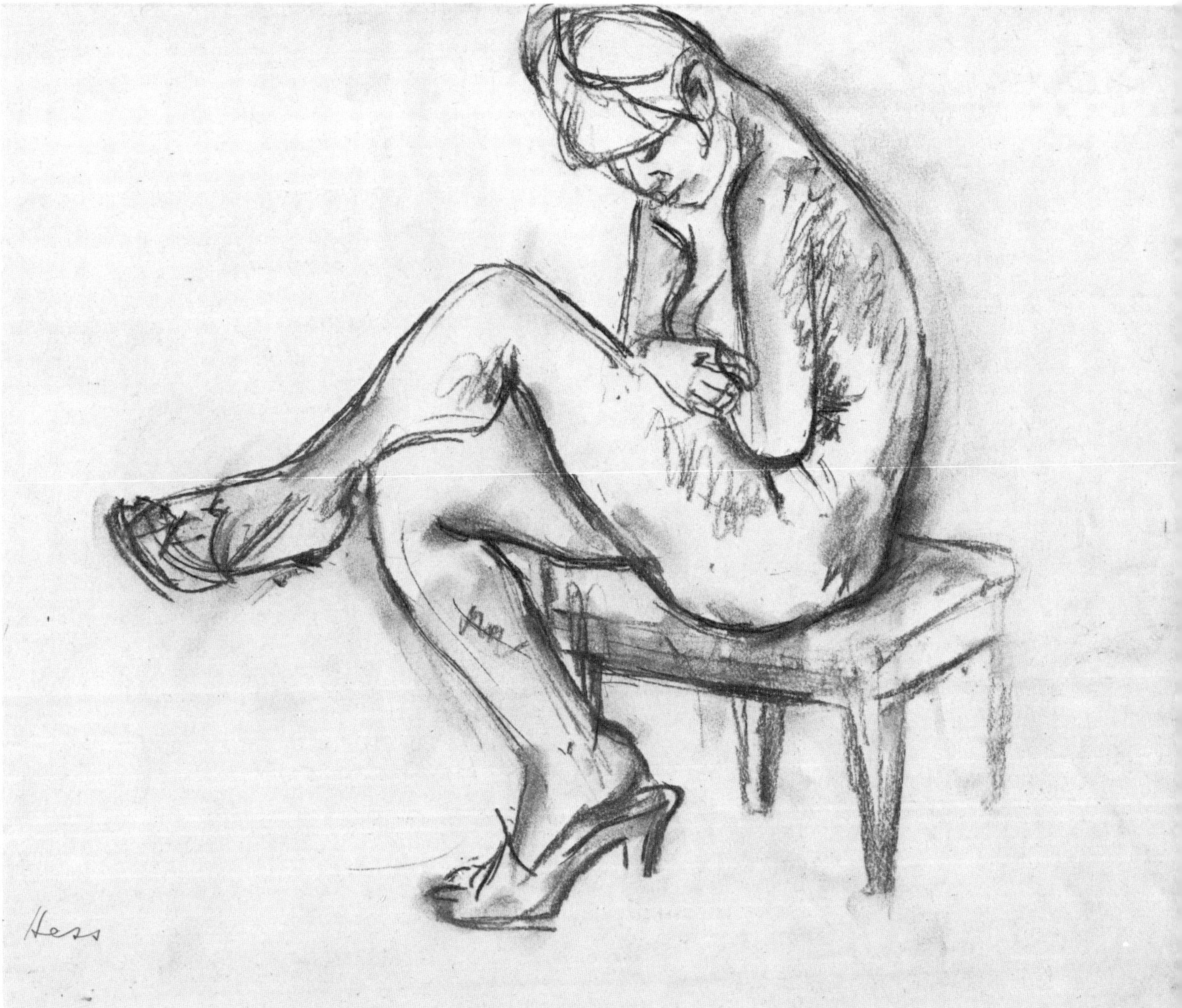
Hess

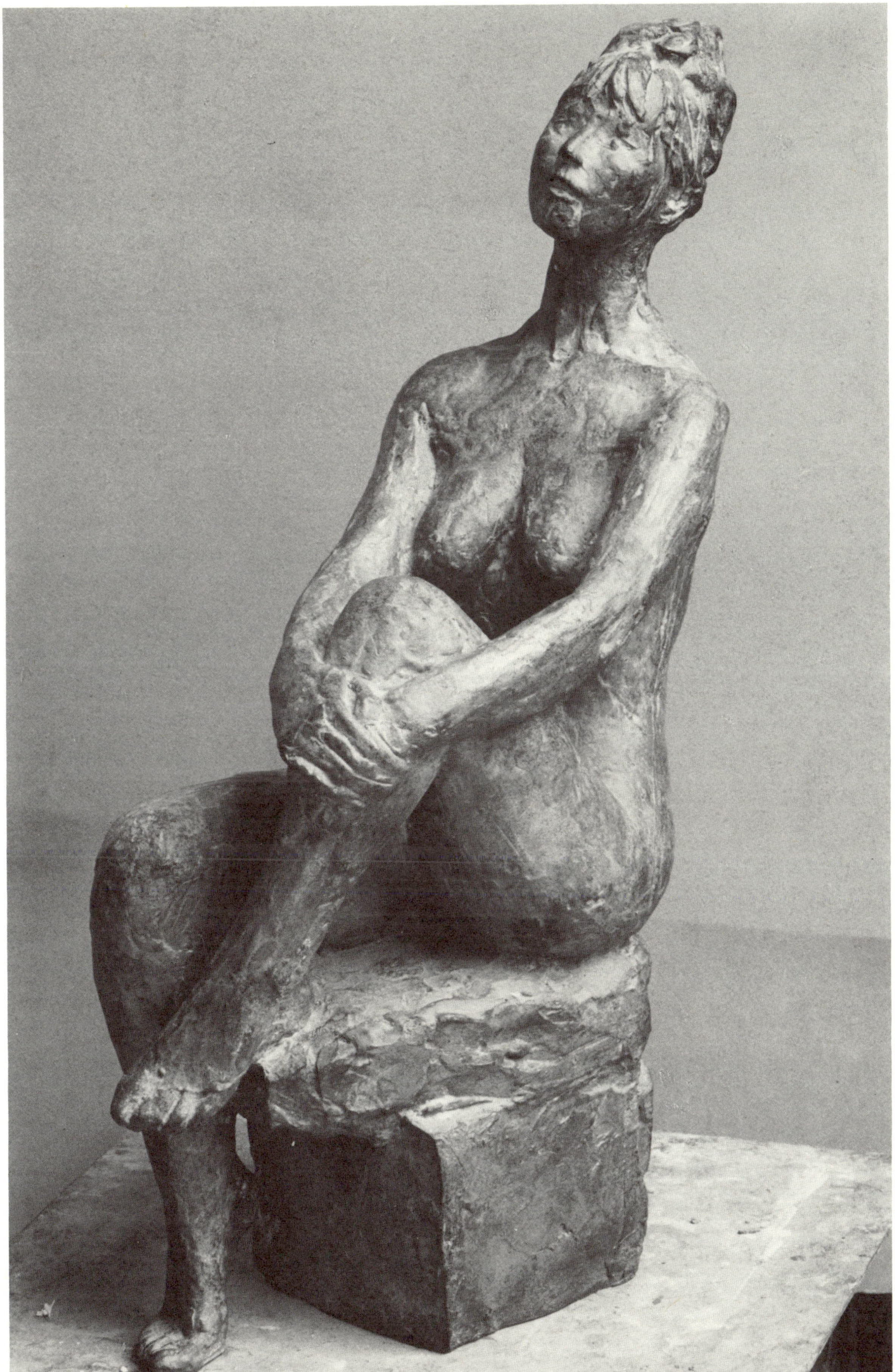

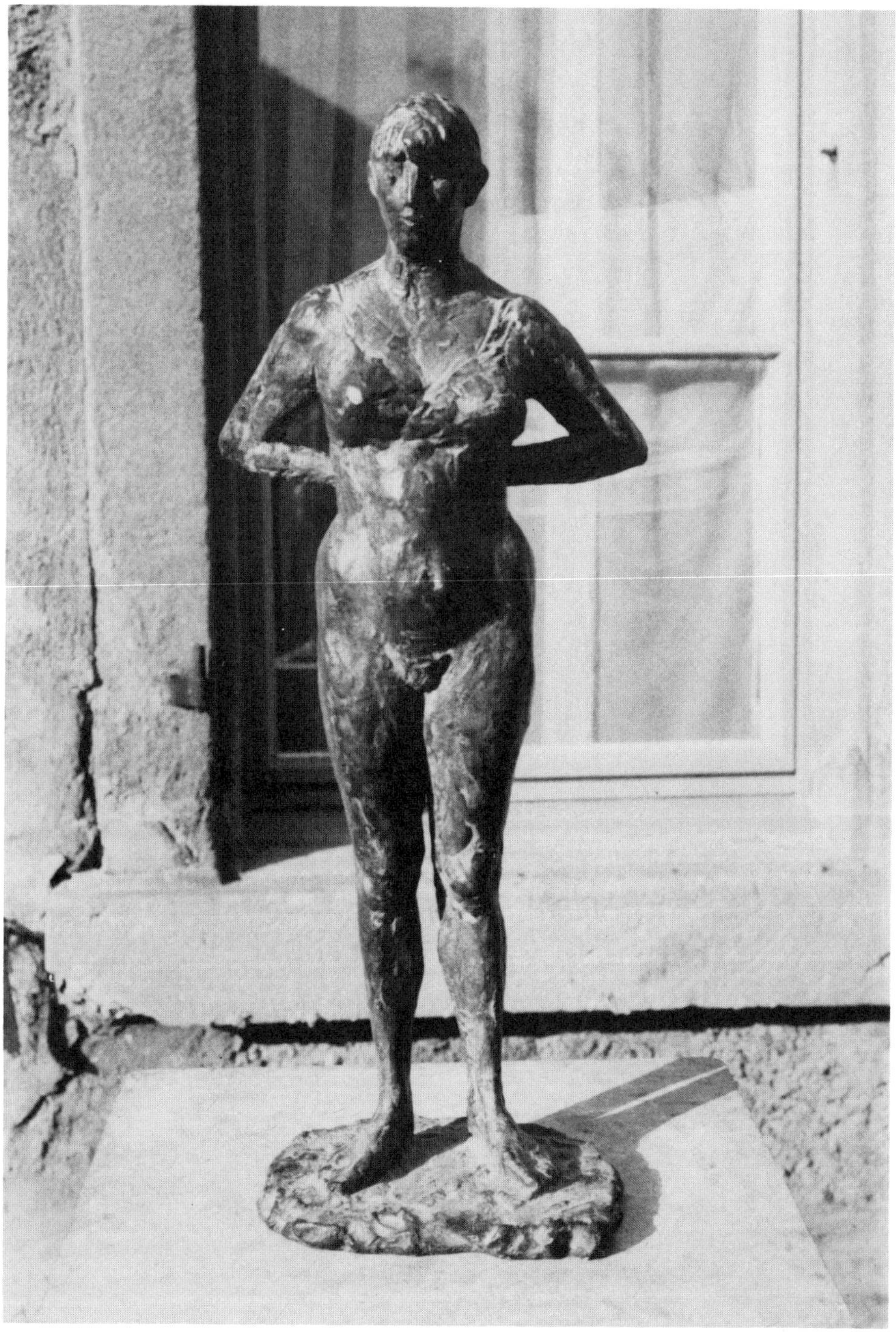

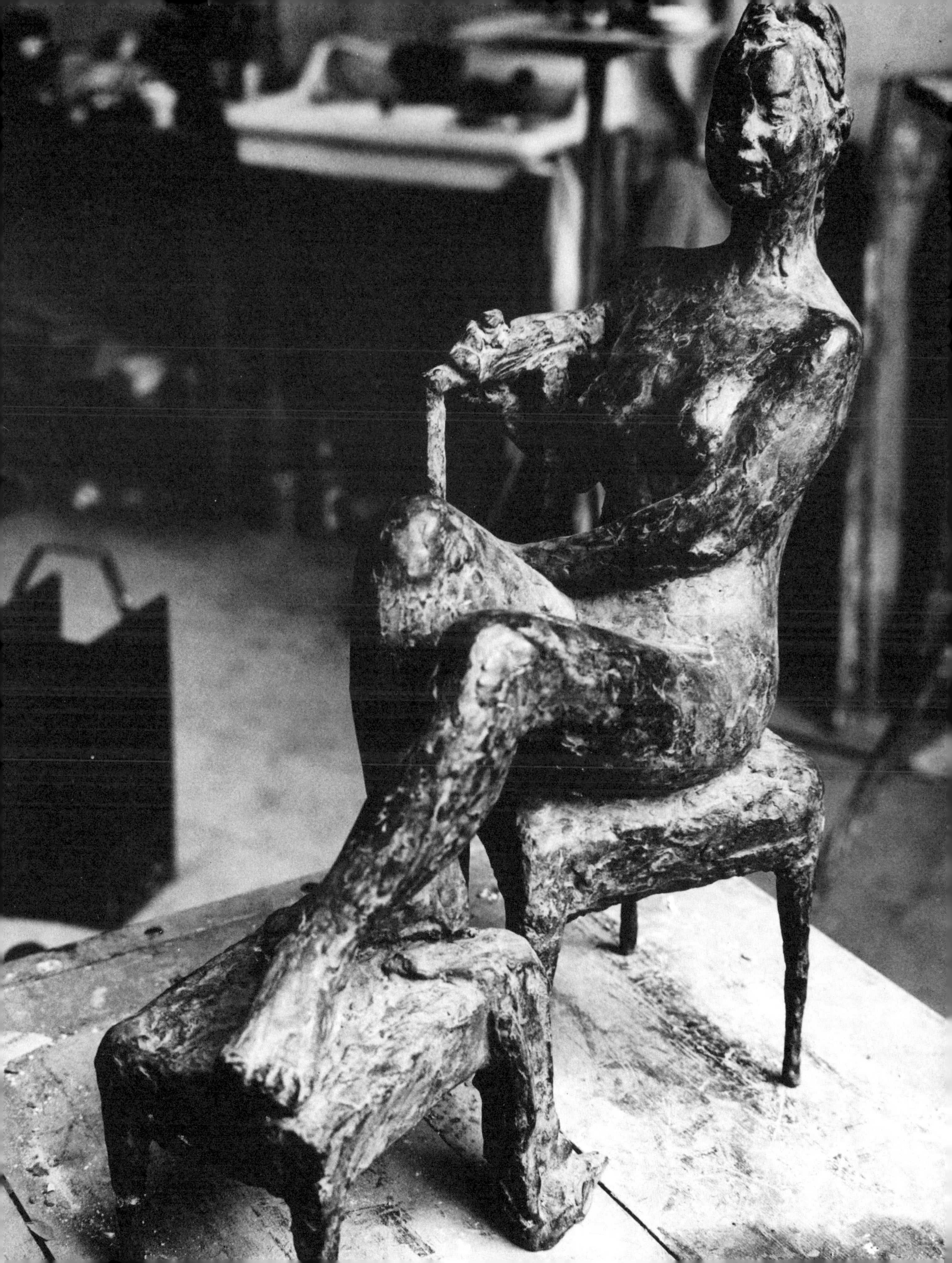

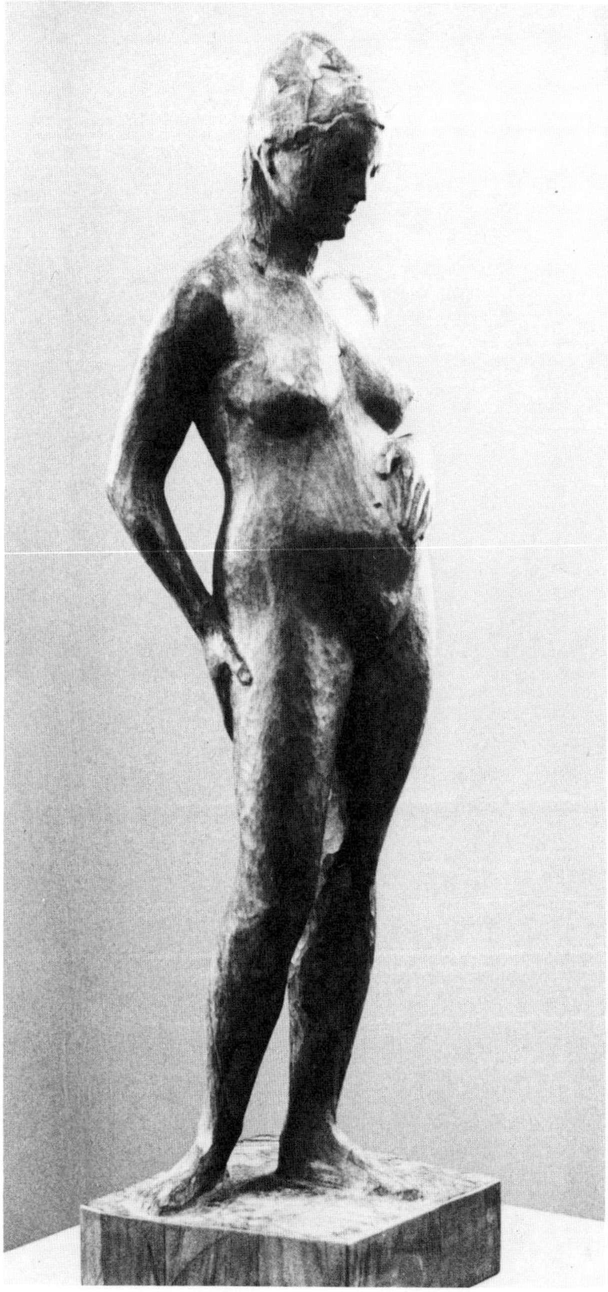

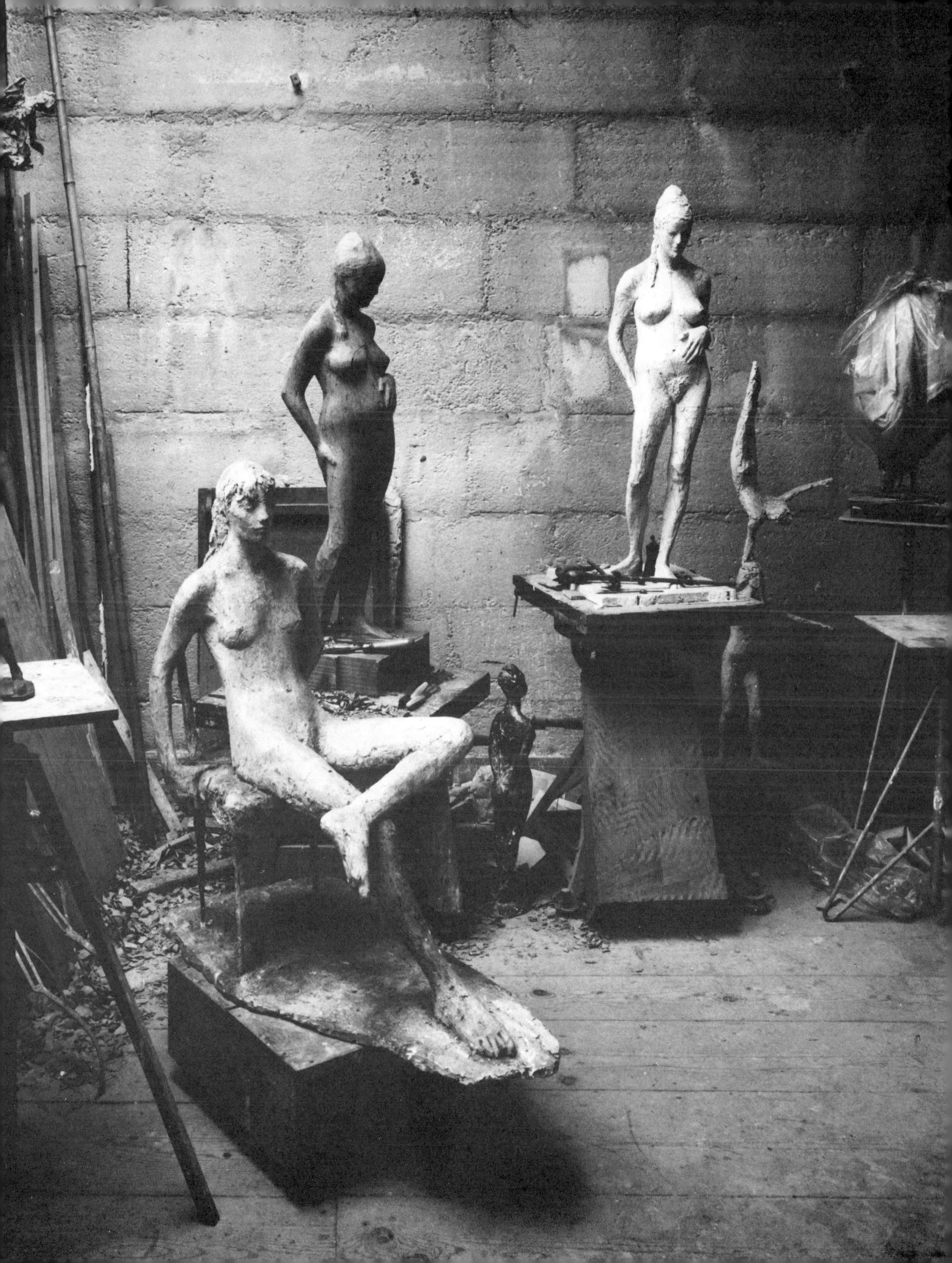

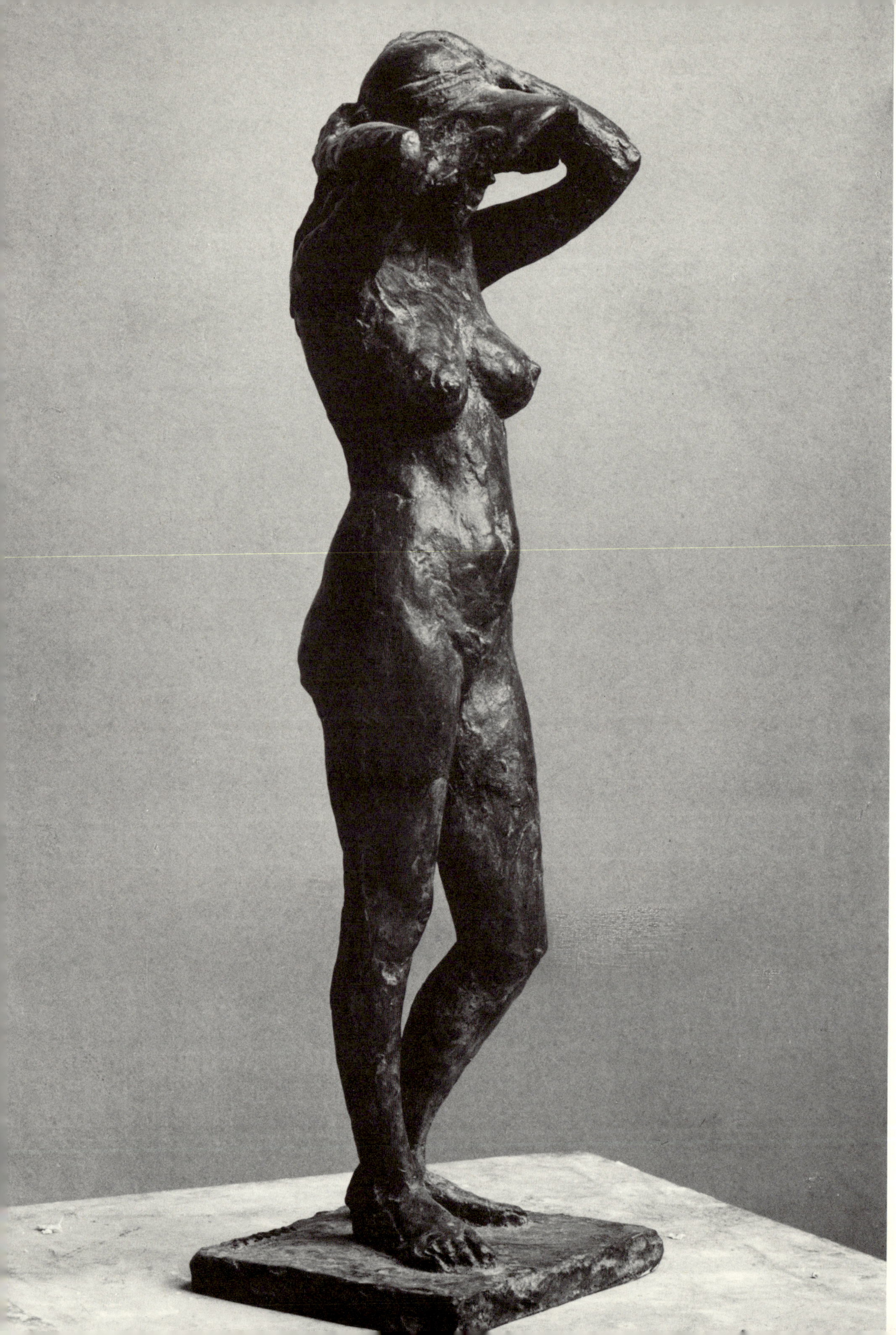

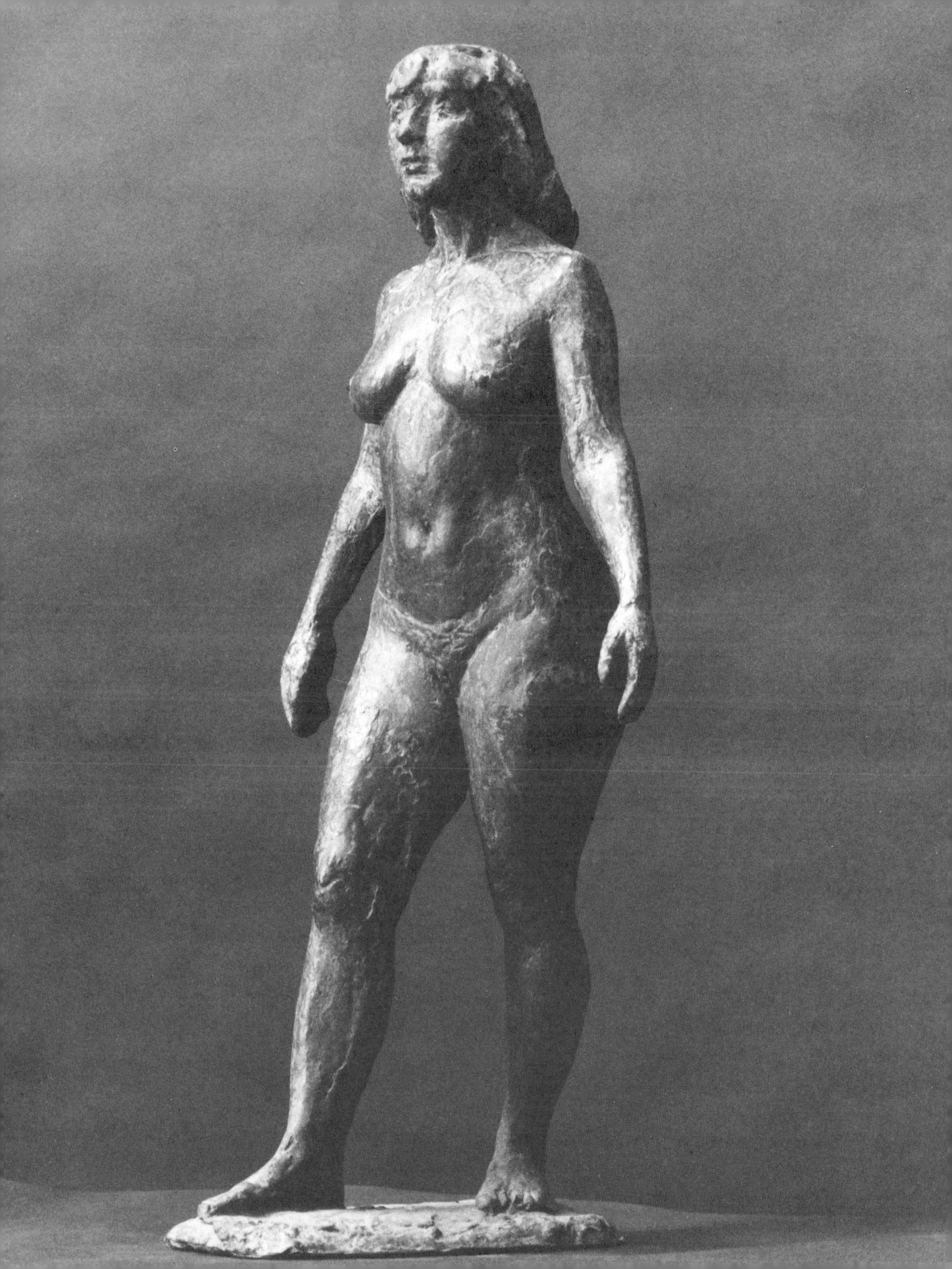

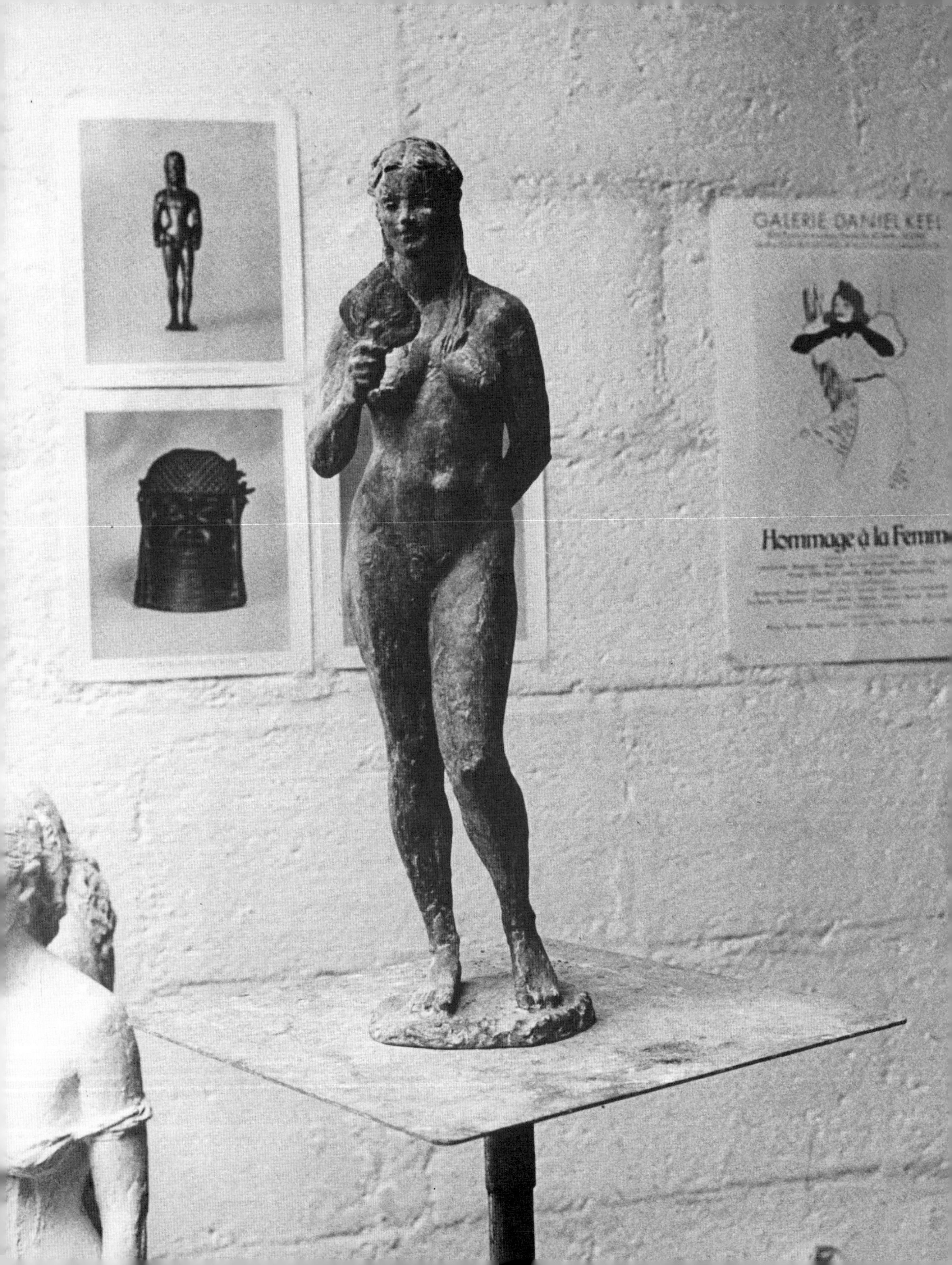
GALERIE DANIEL KEEL
Hommage à la Femm

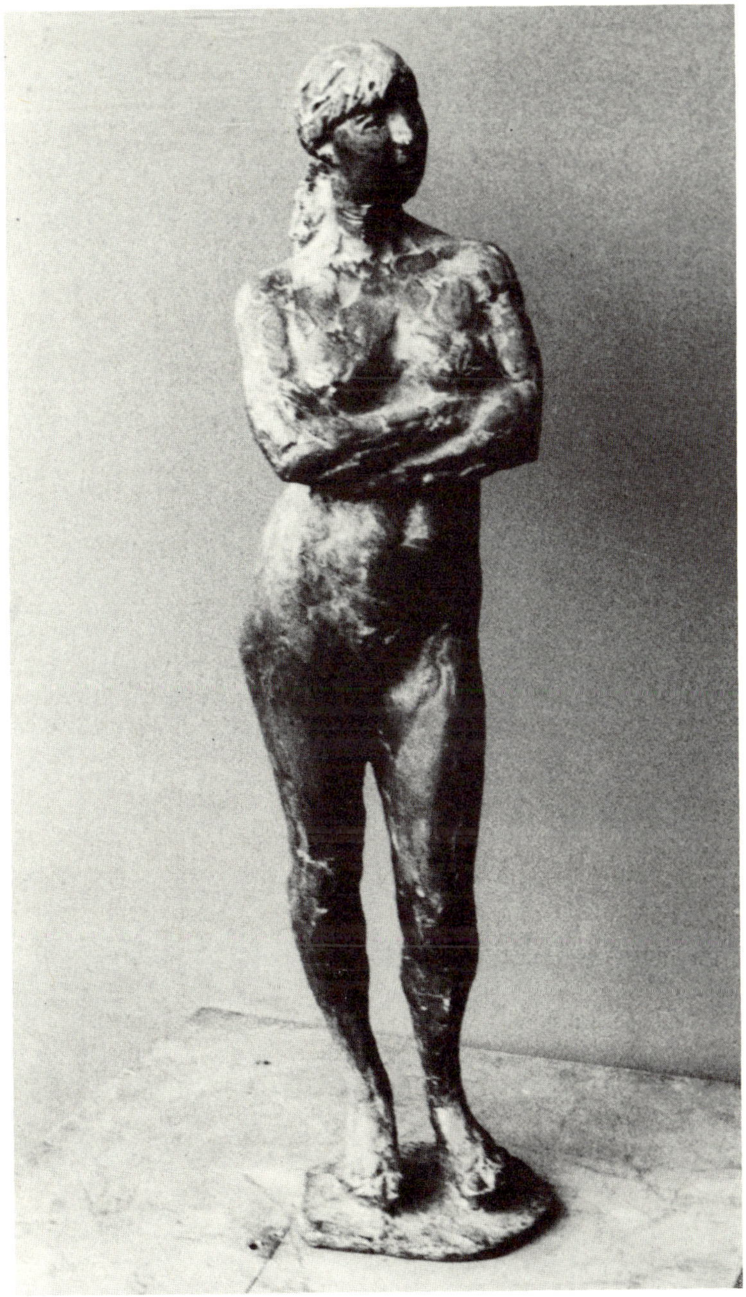

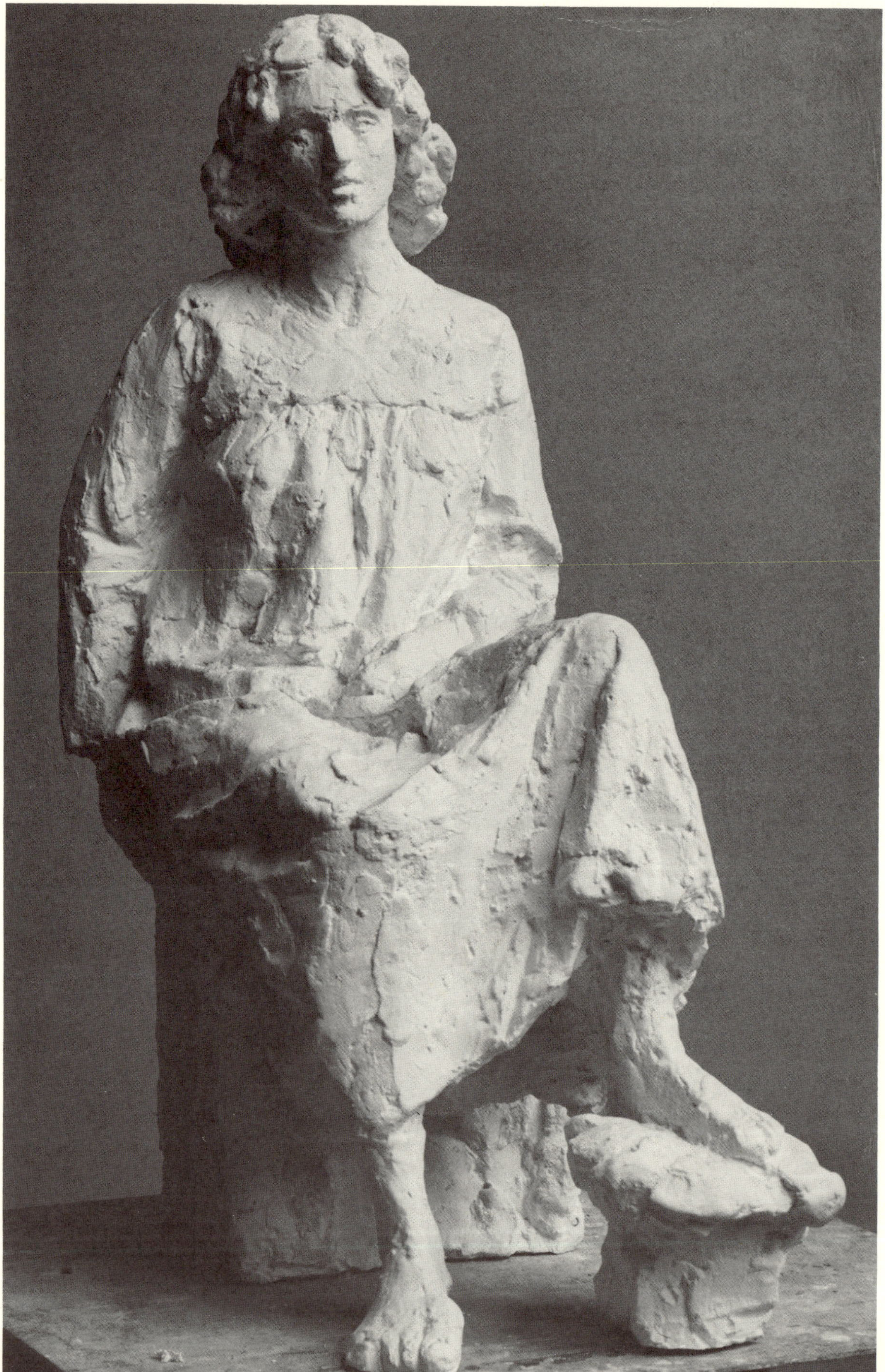

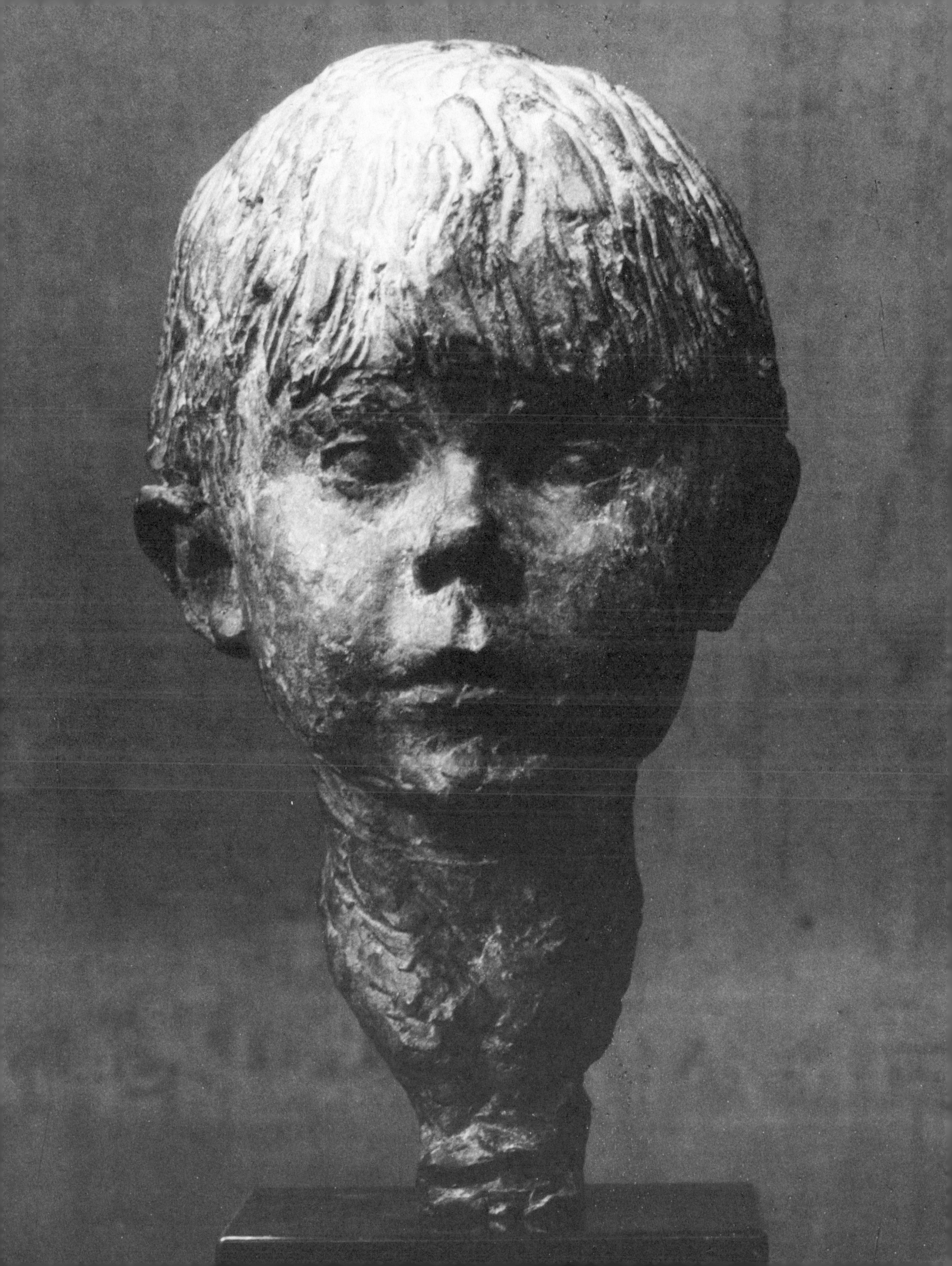

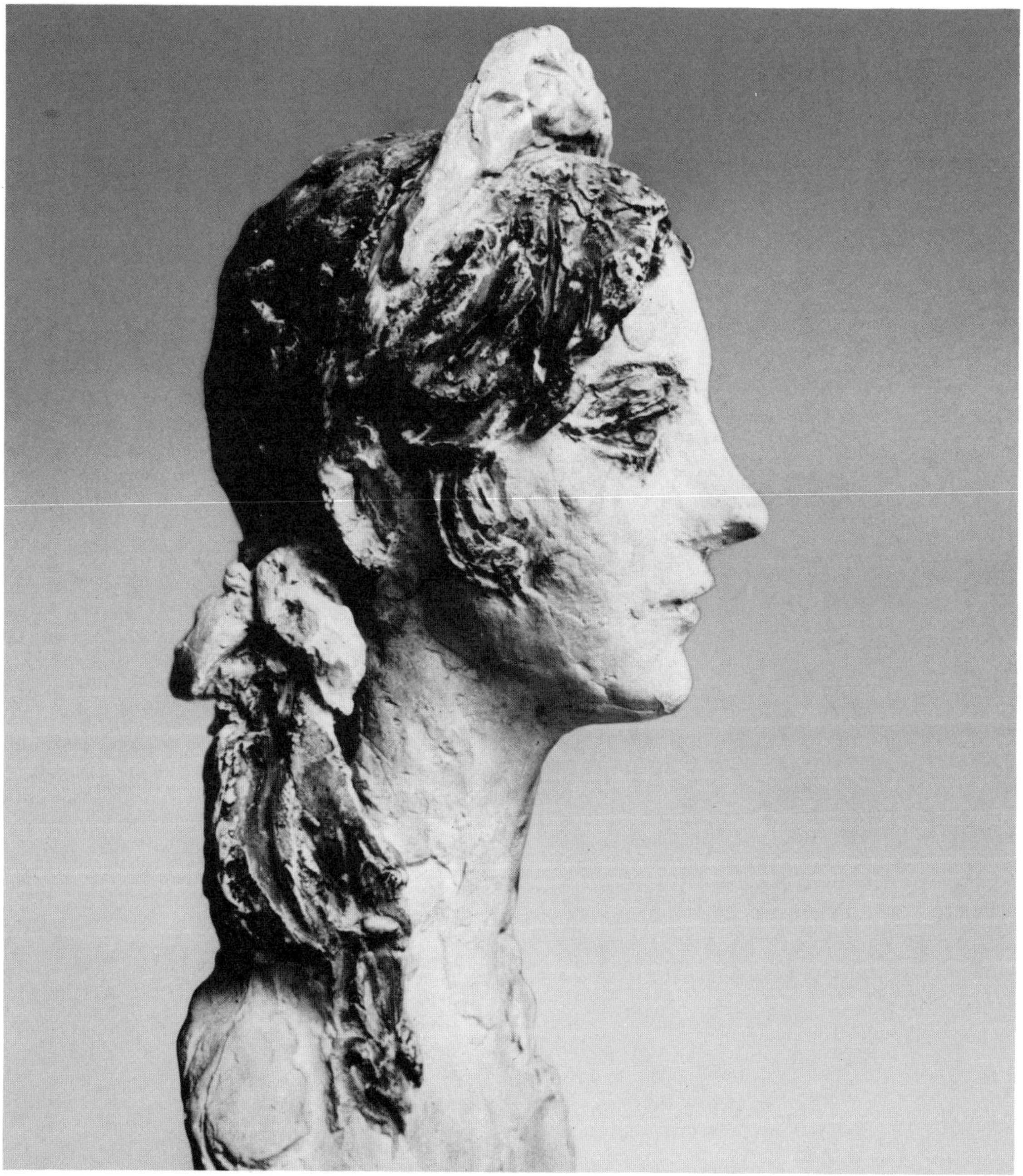

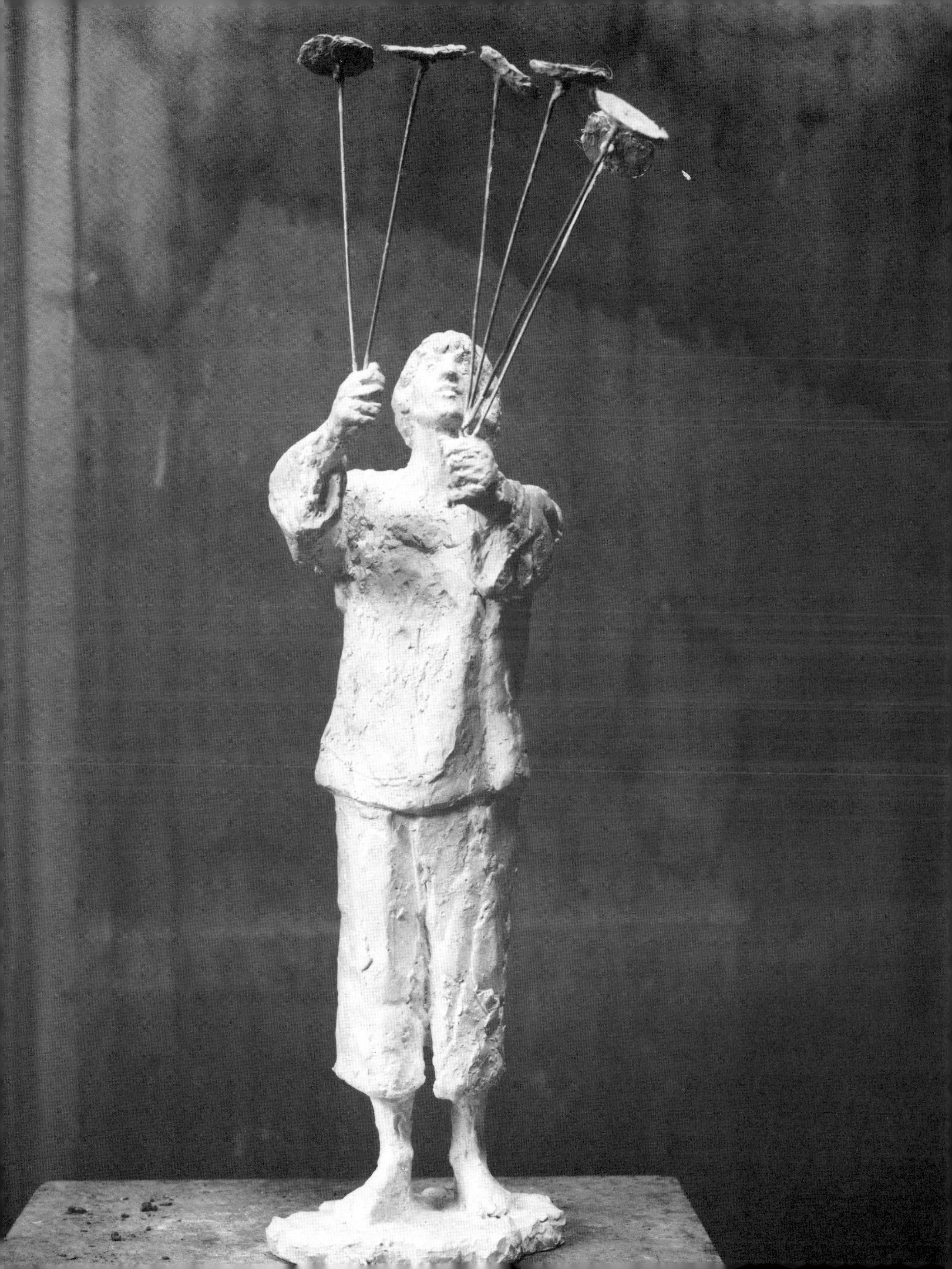

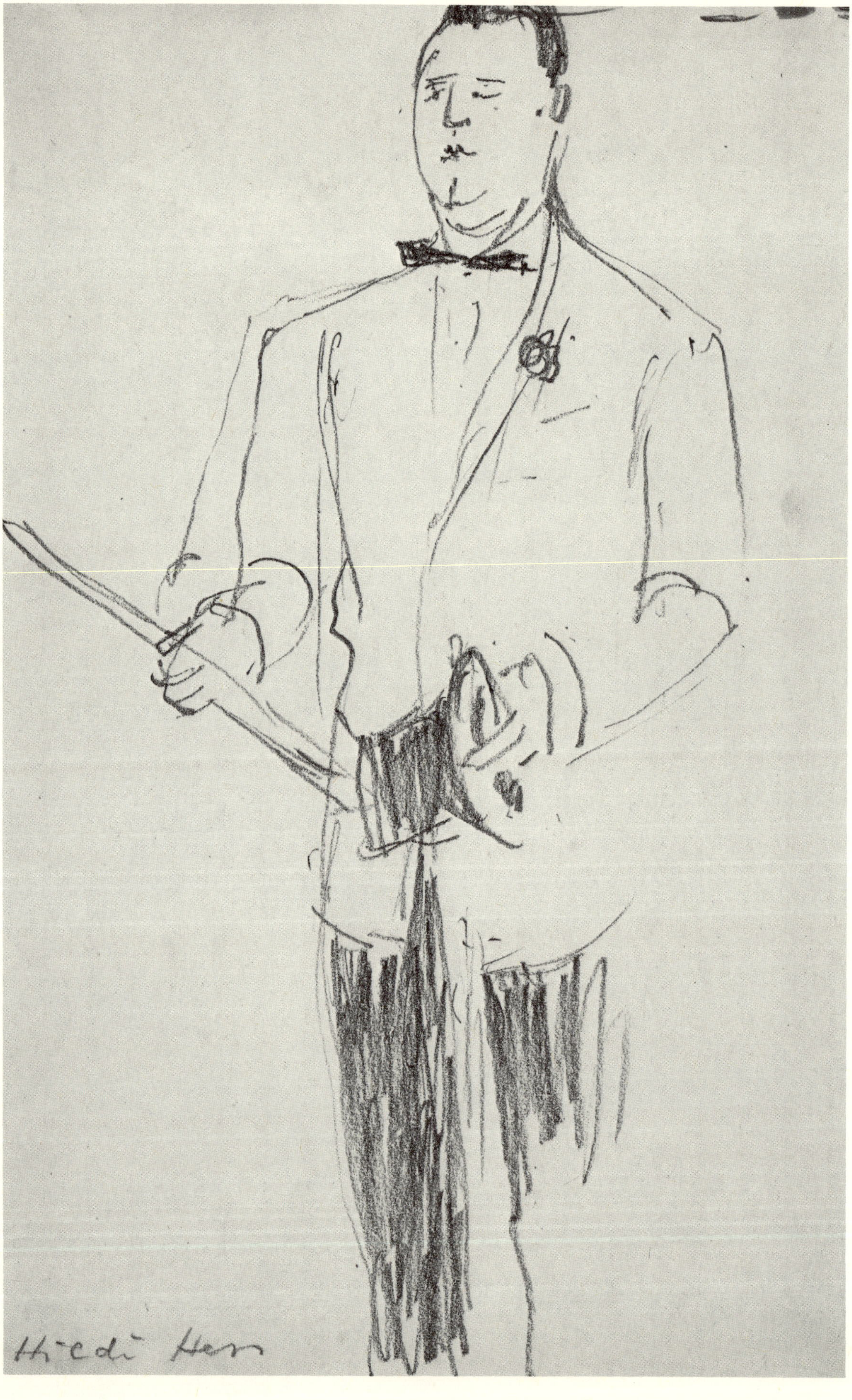

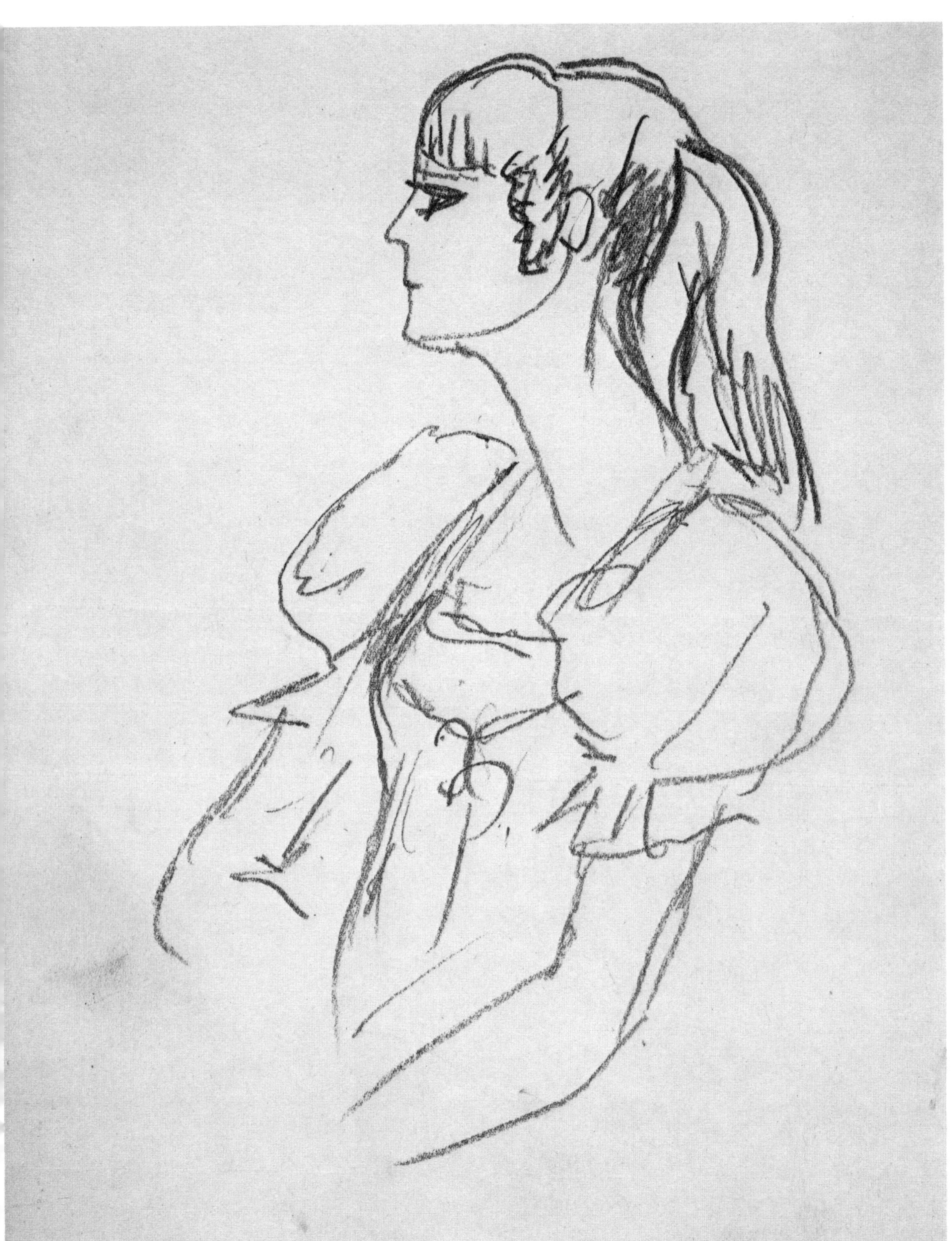

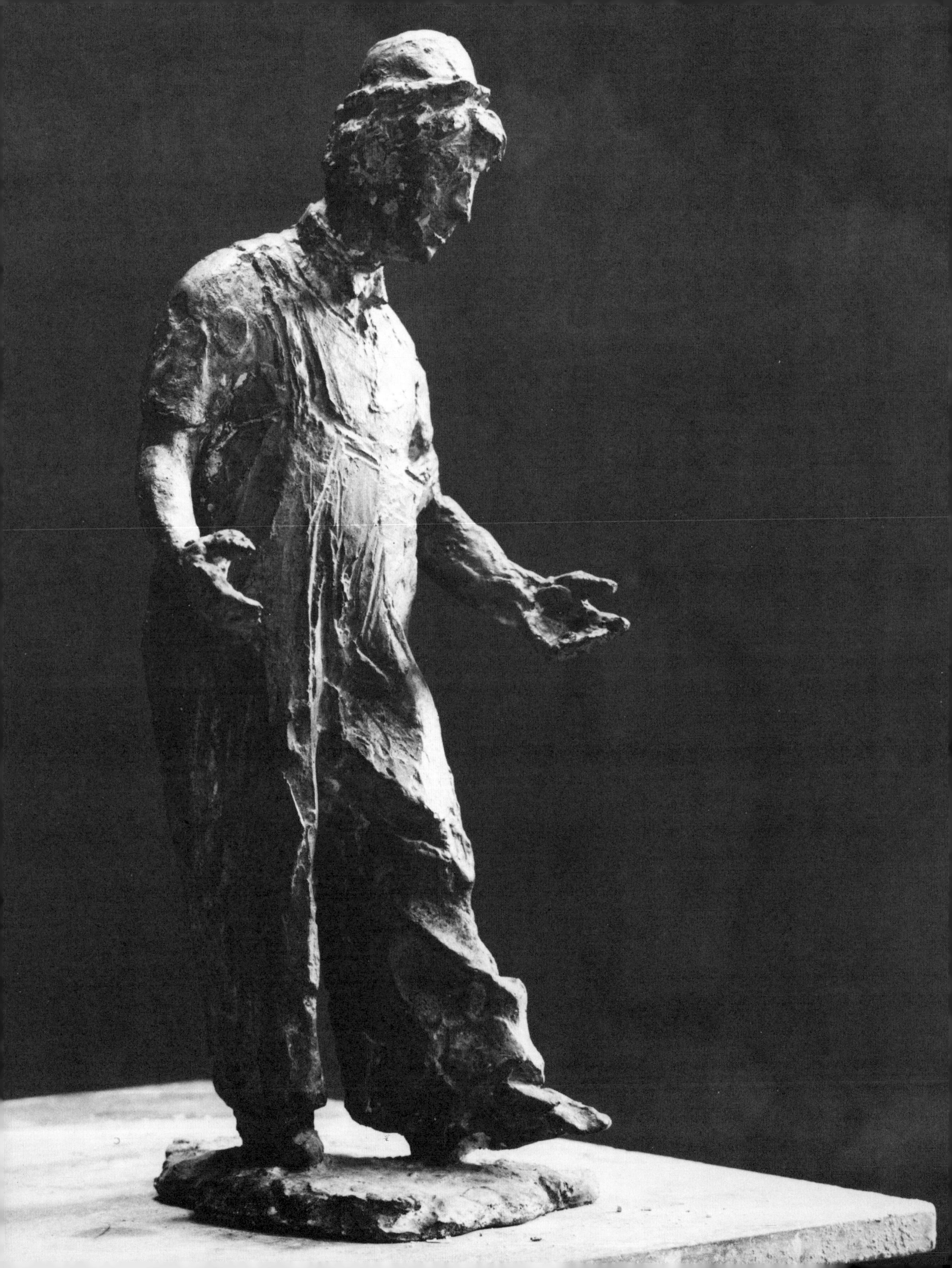

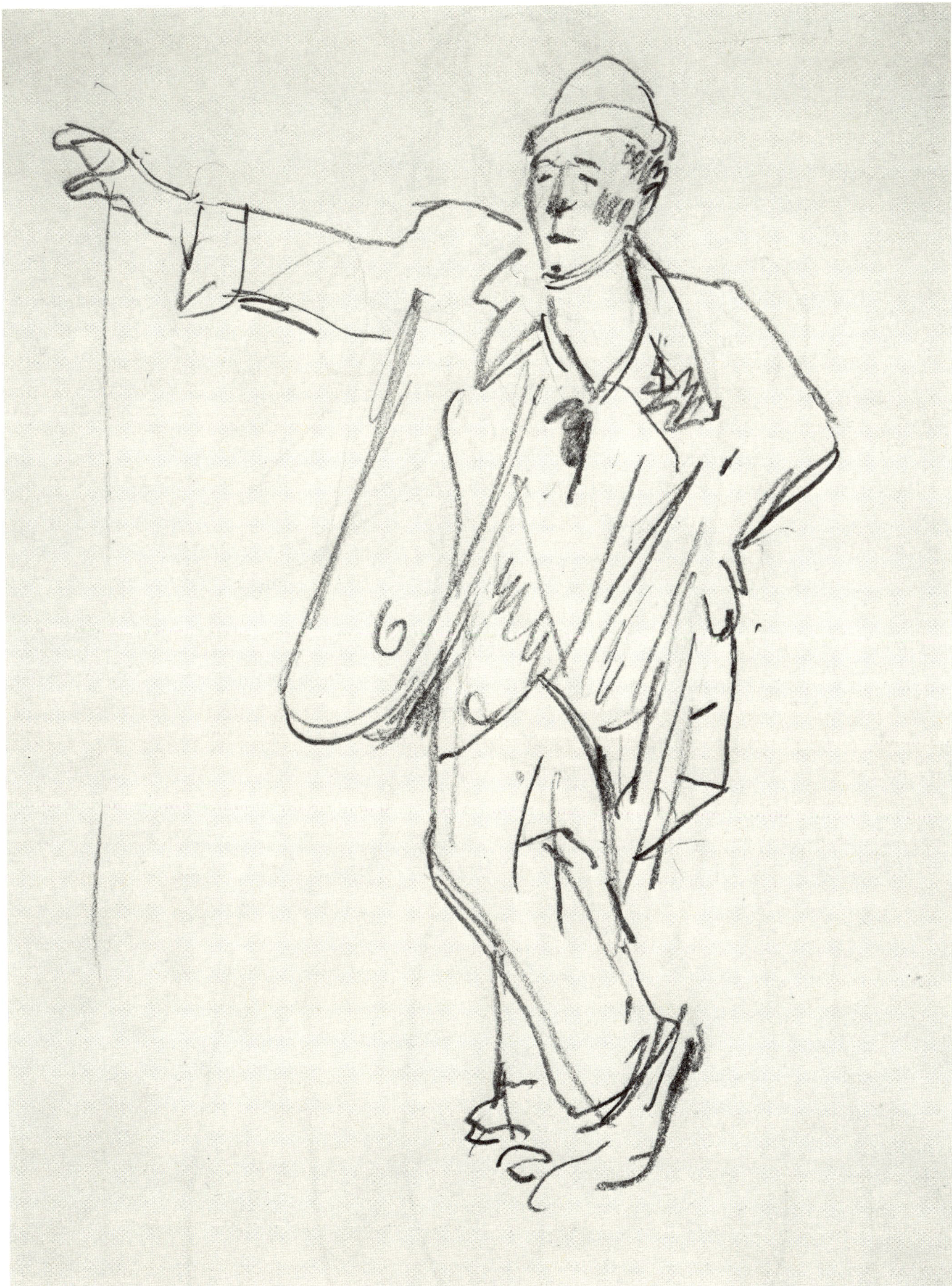

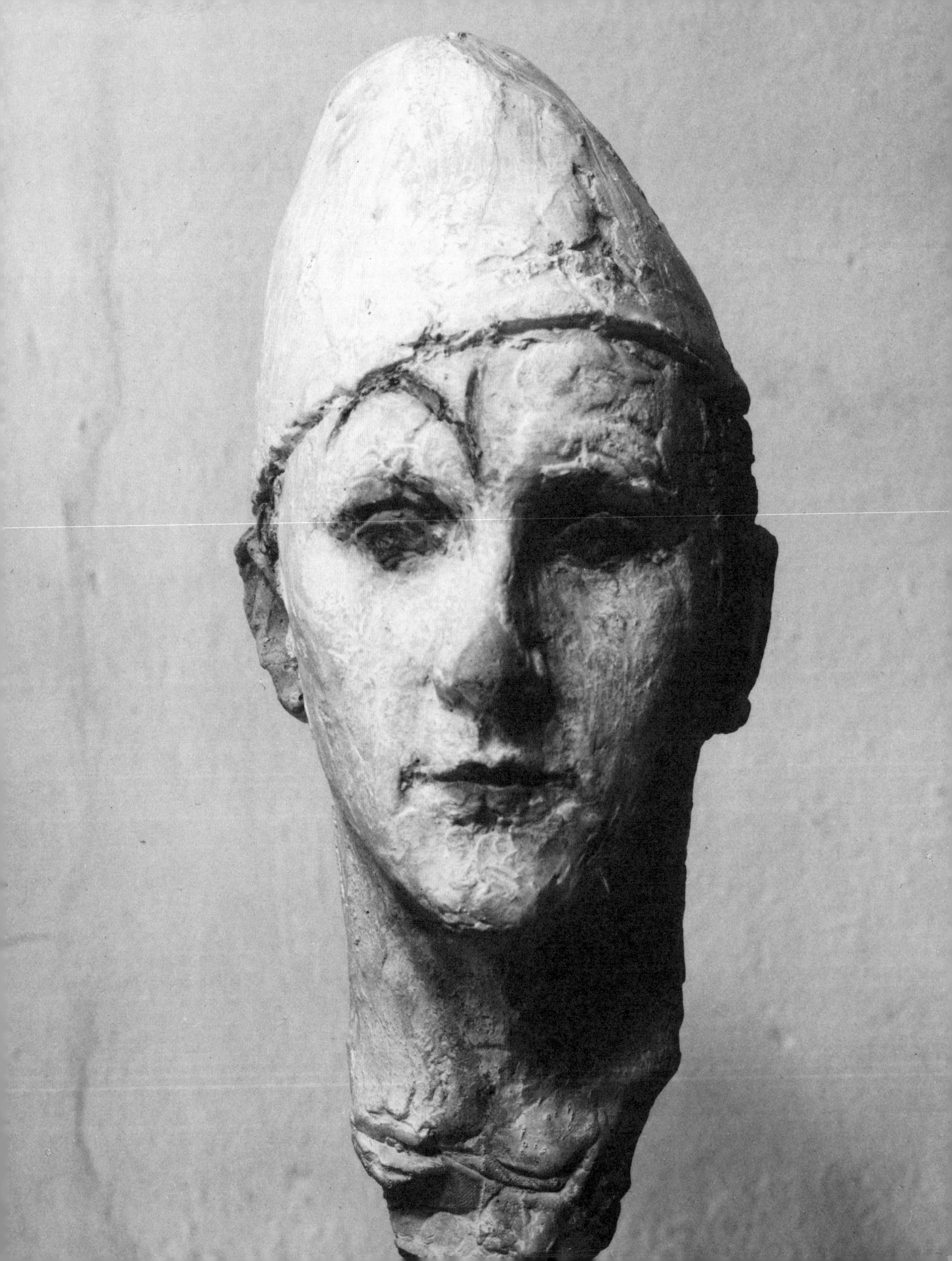

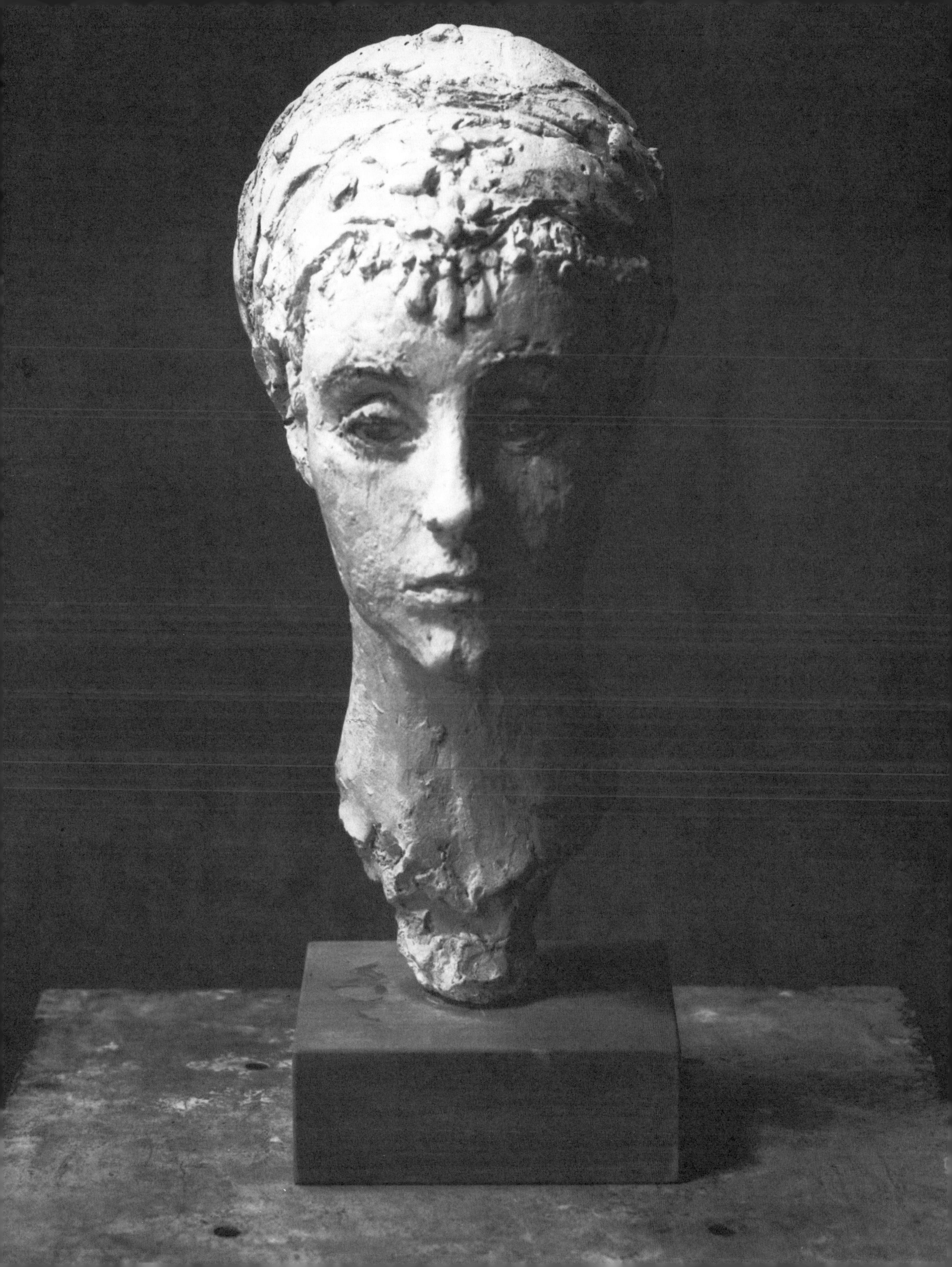

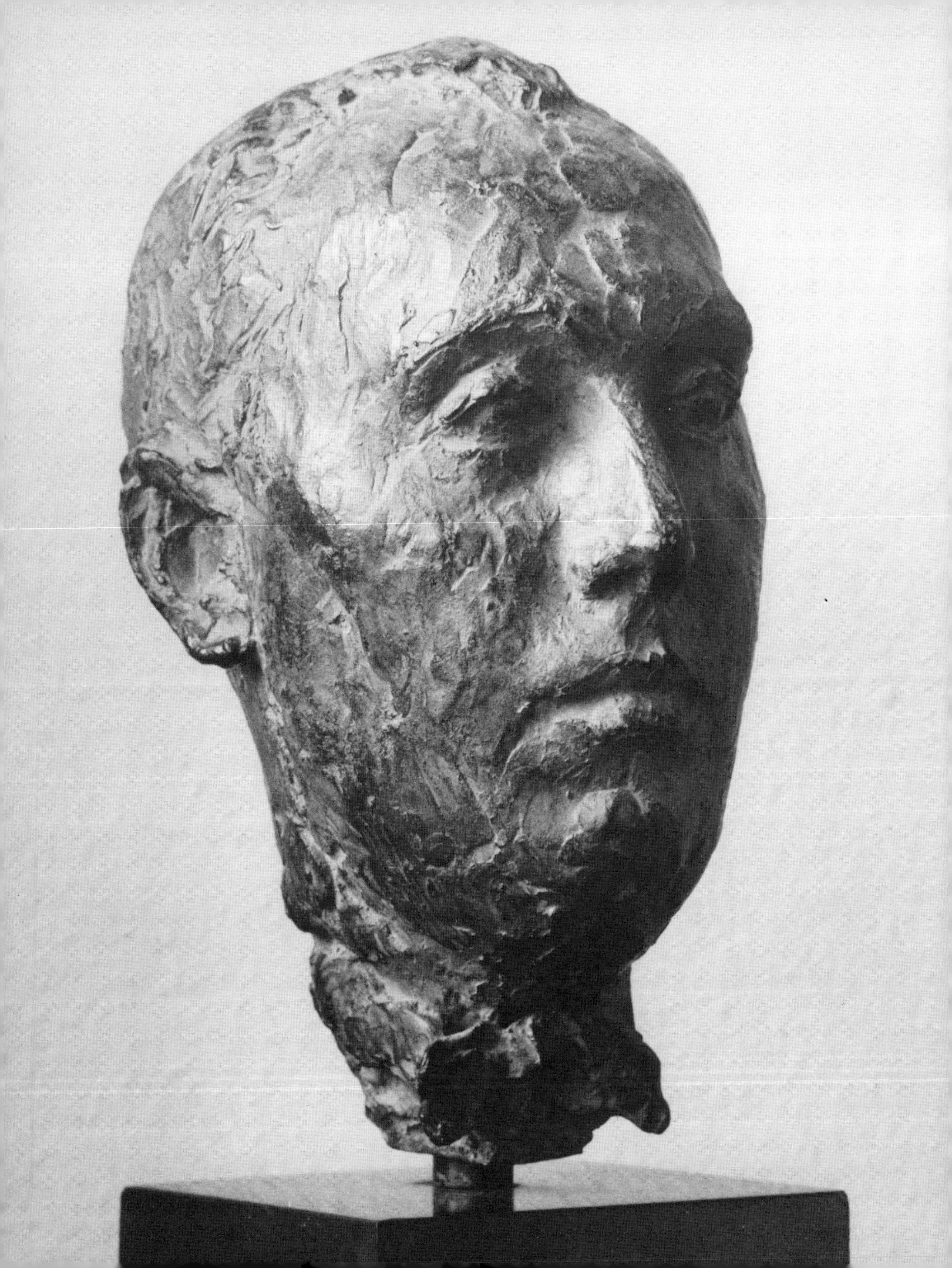

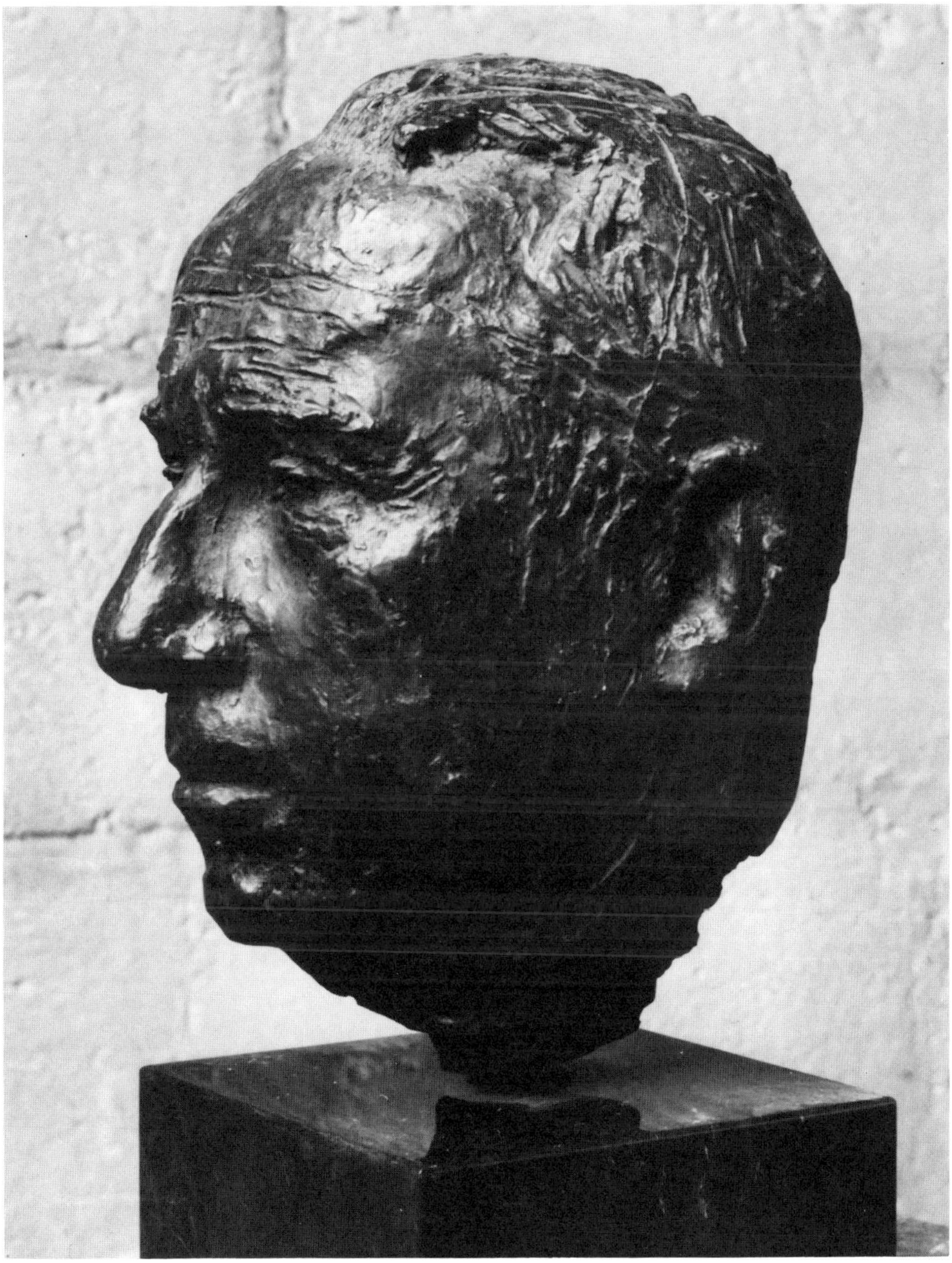

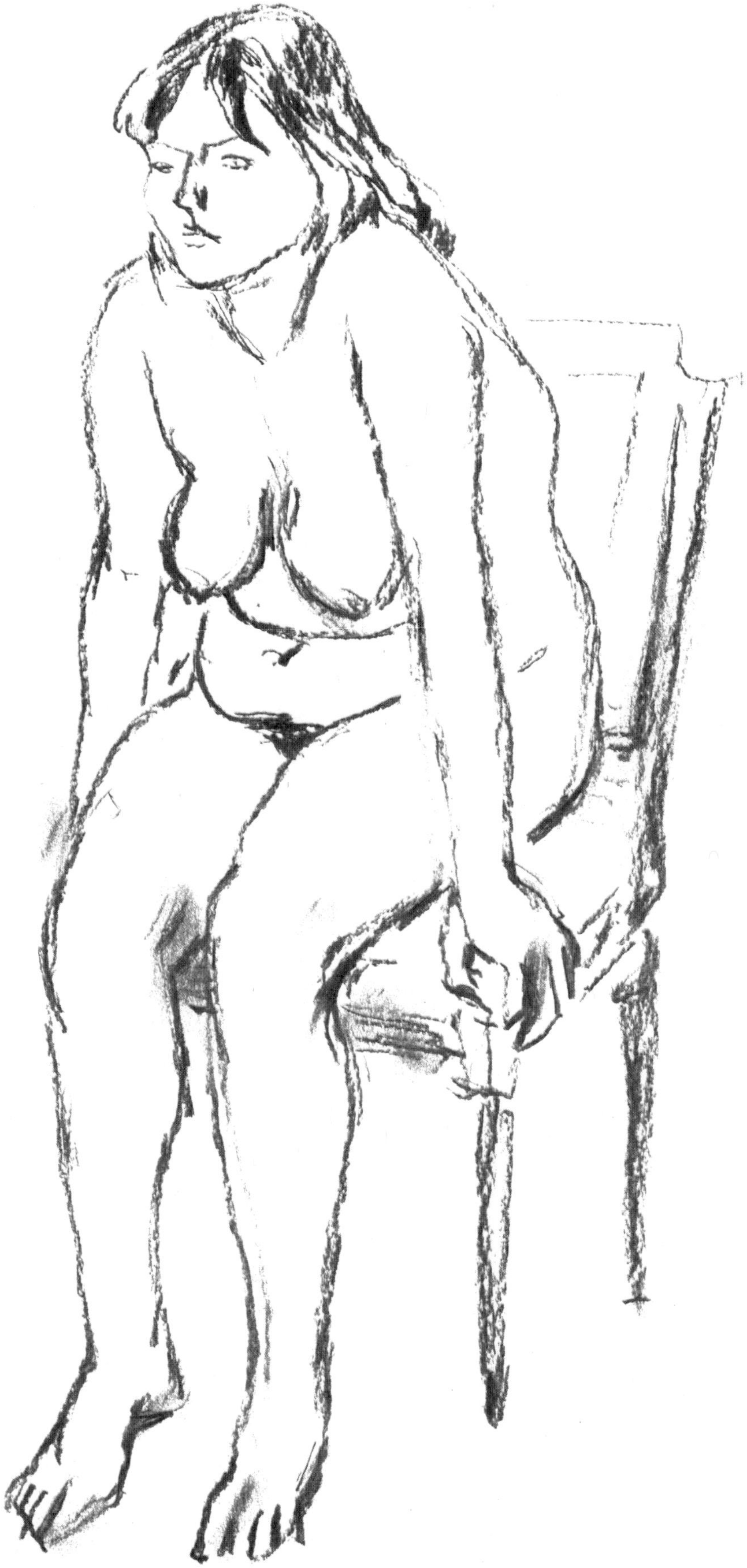

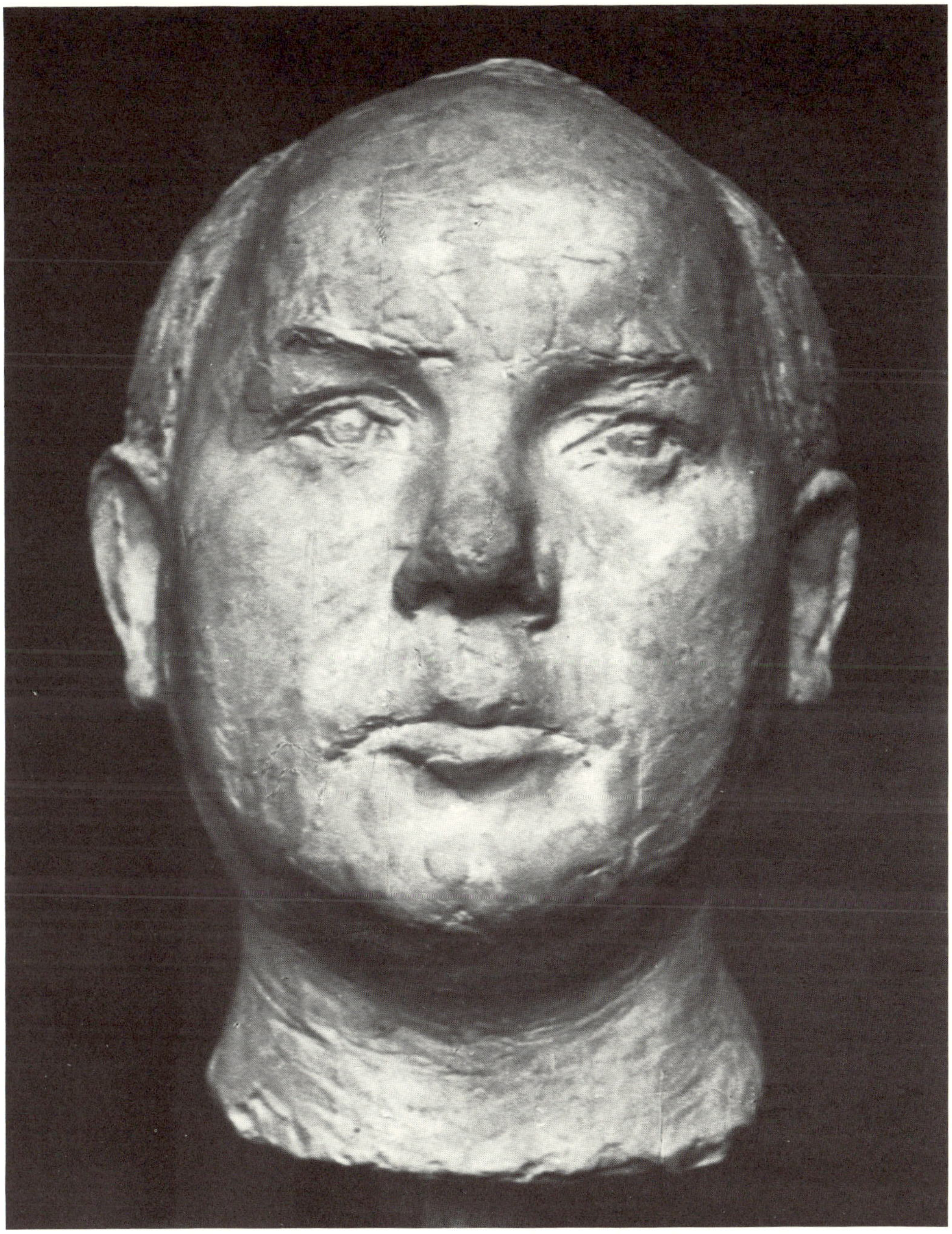

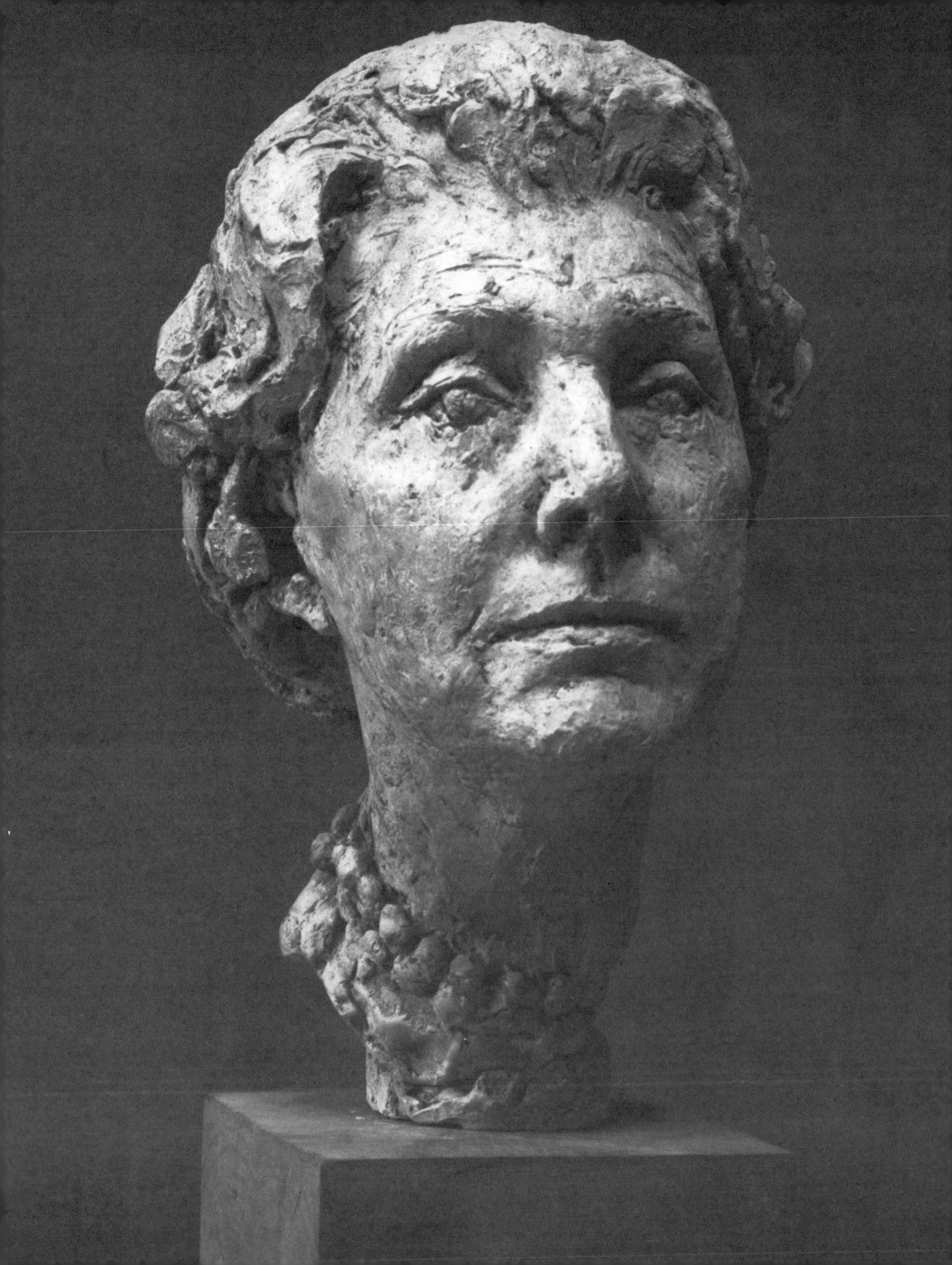

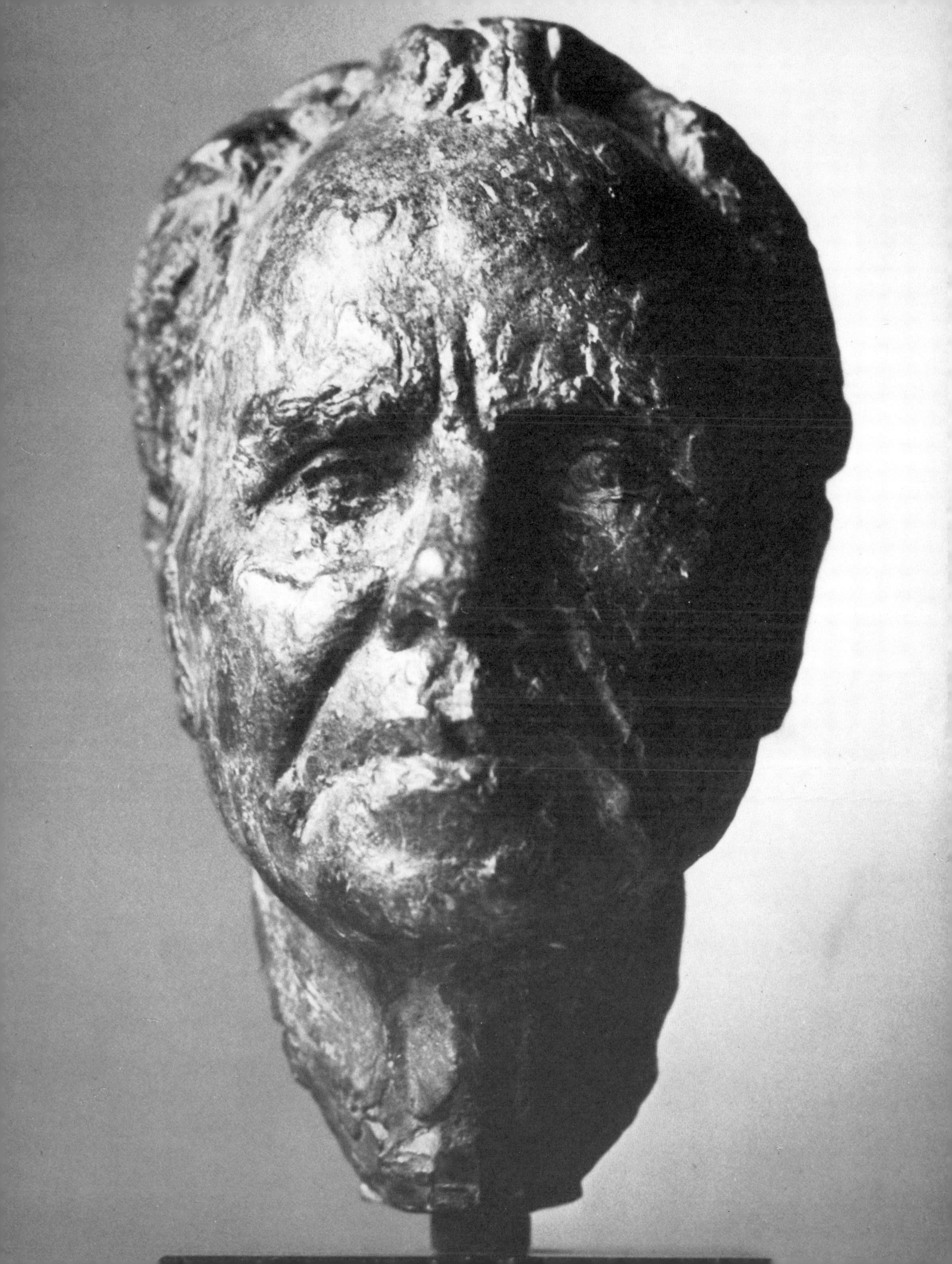

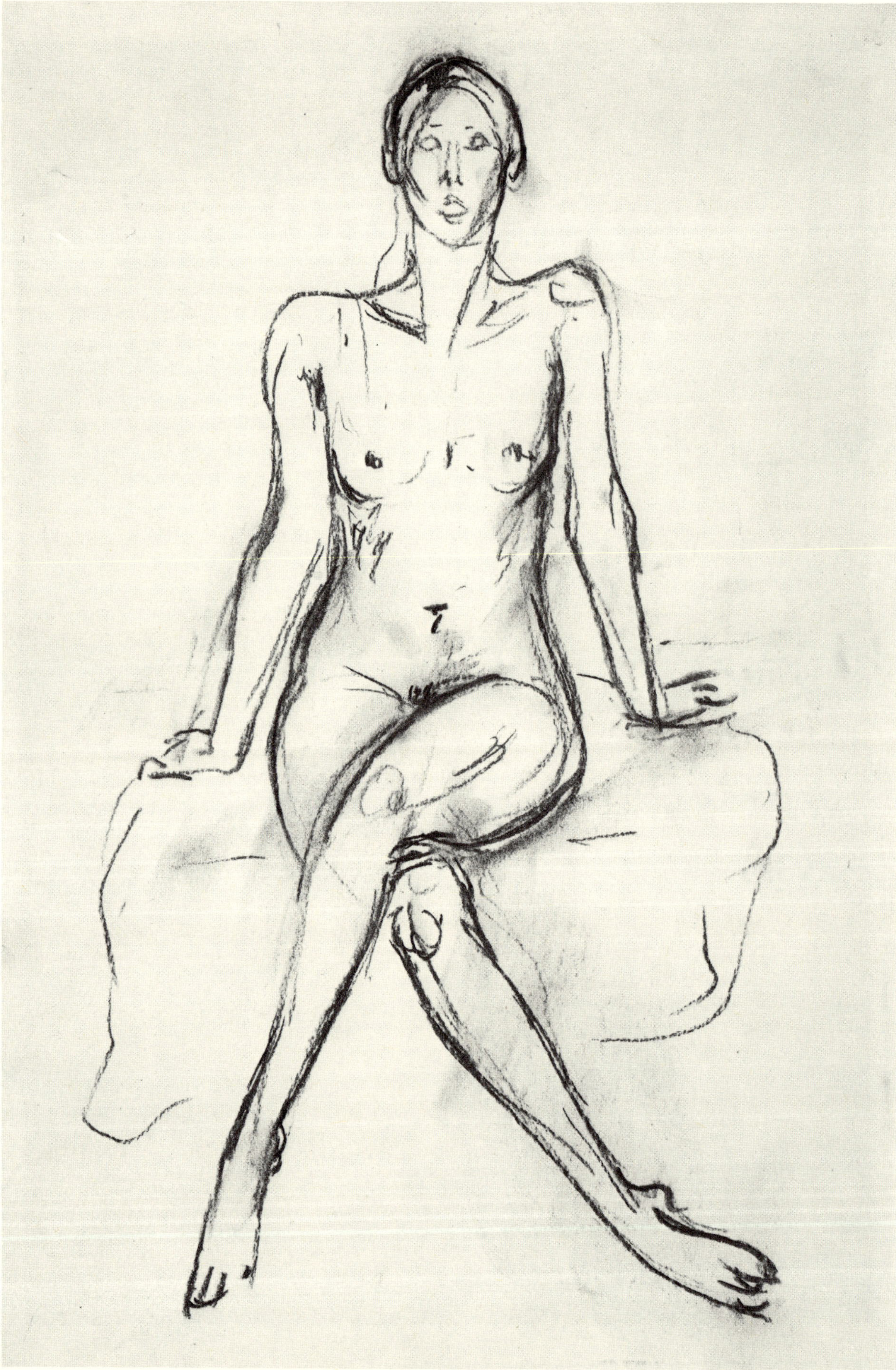

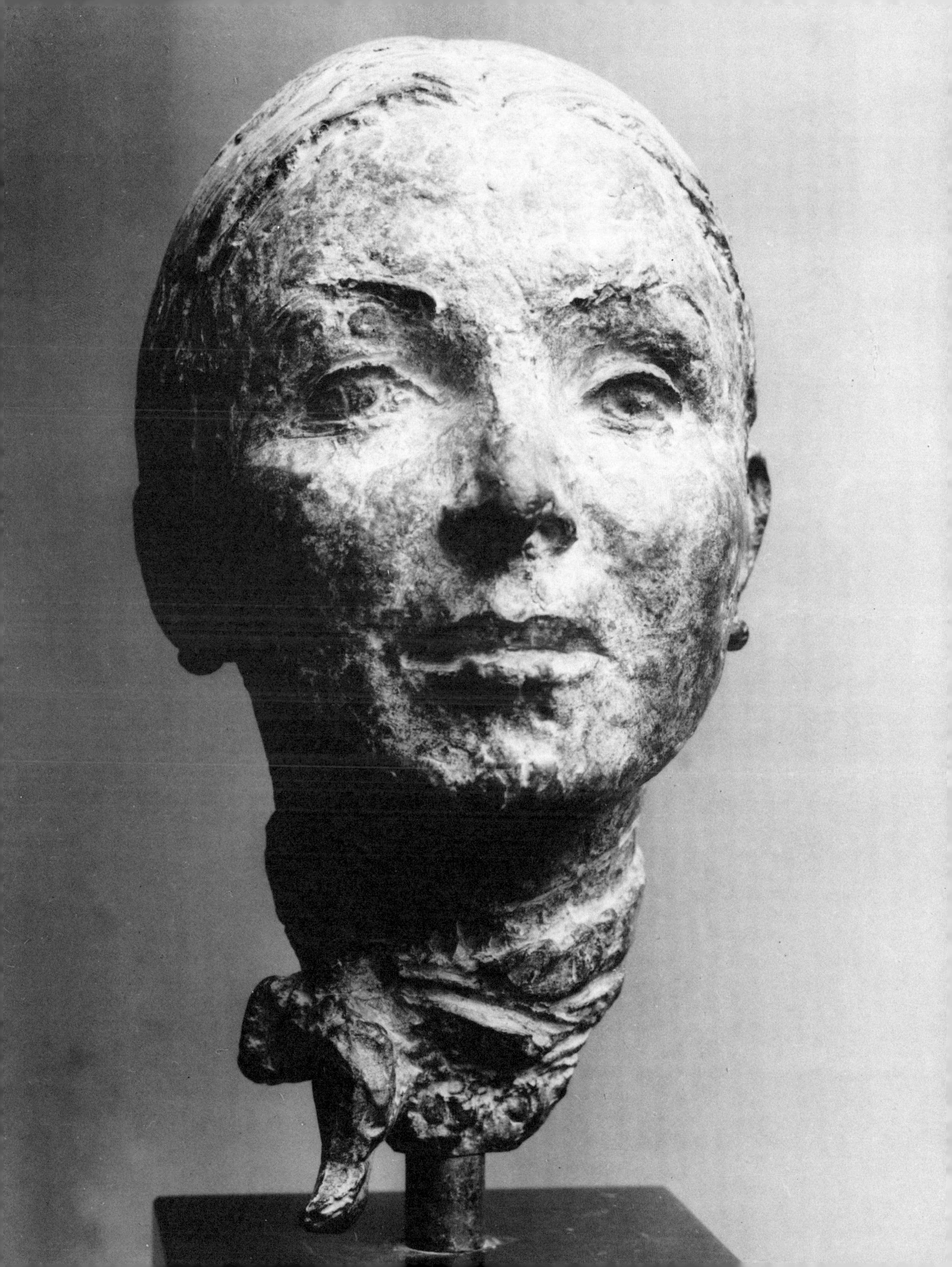

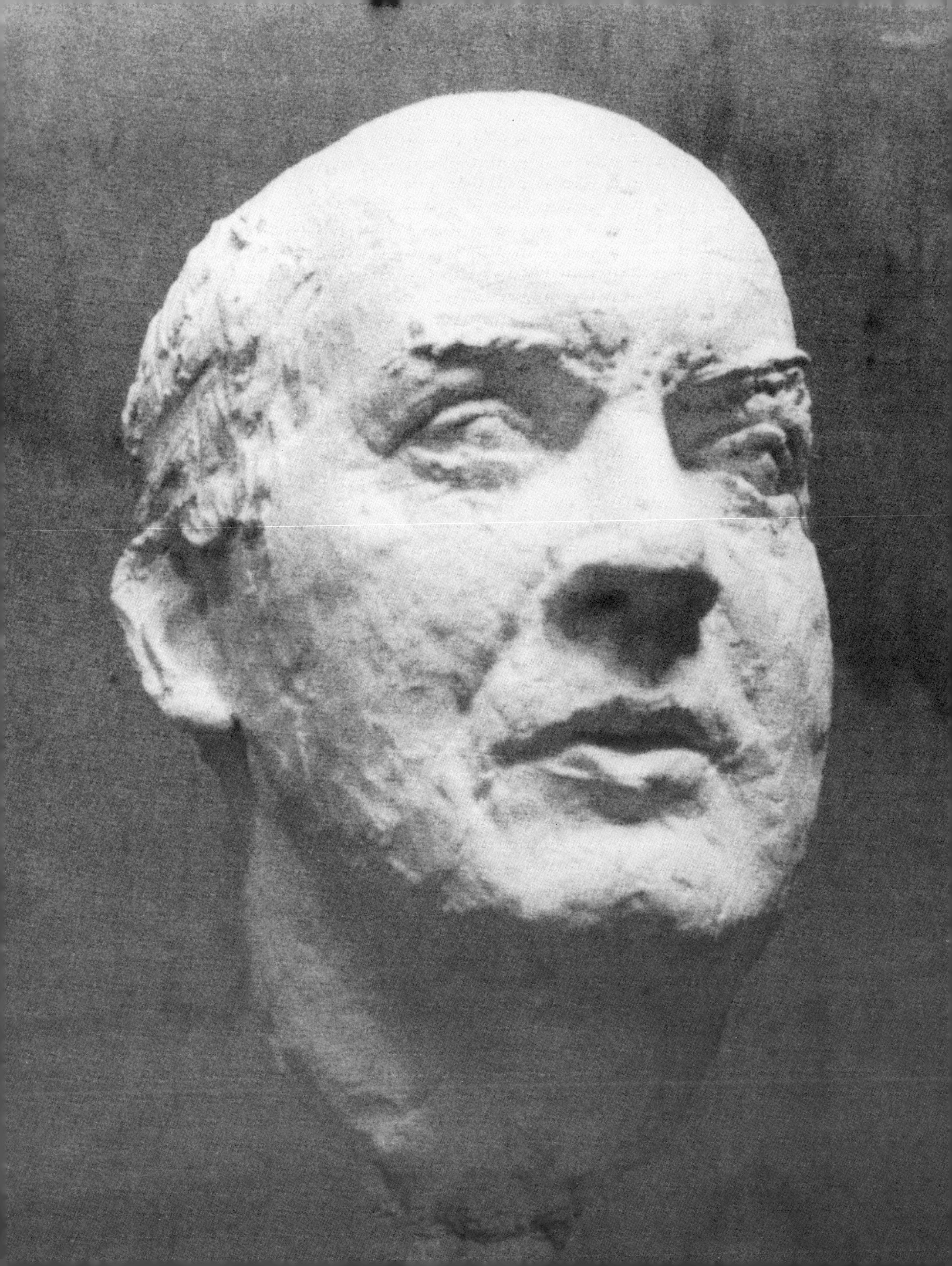

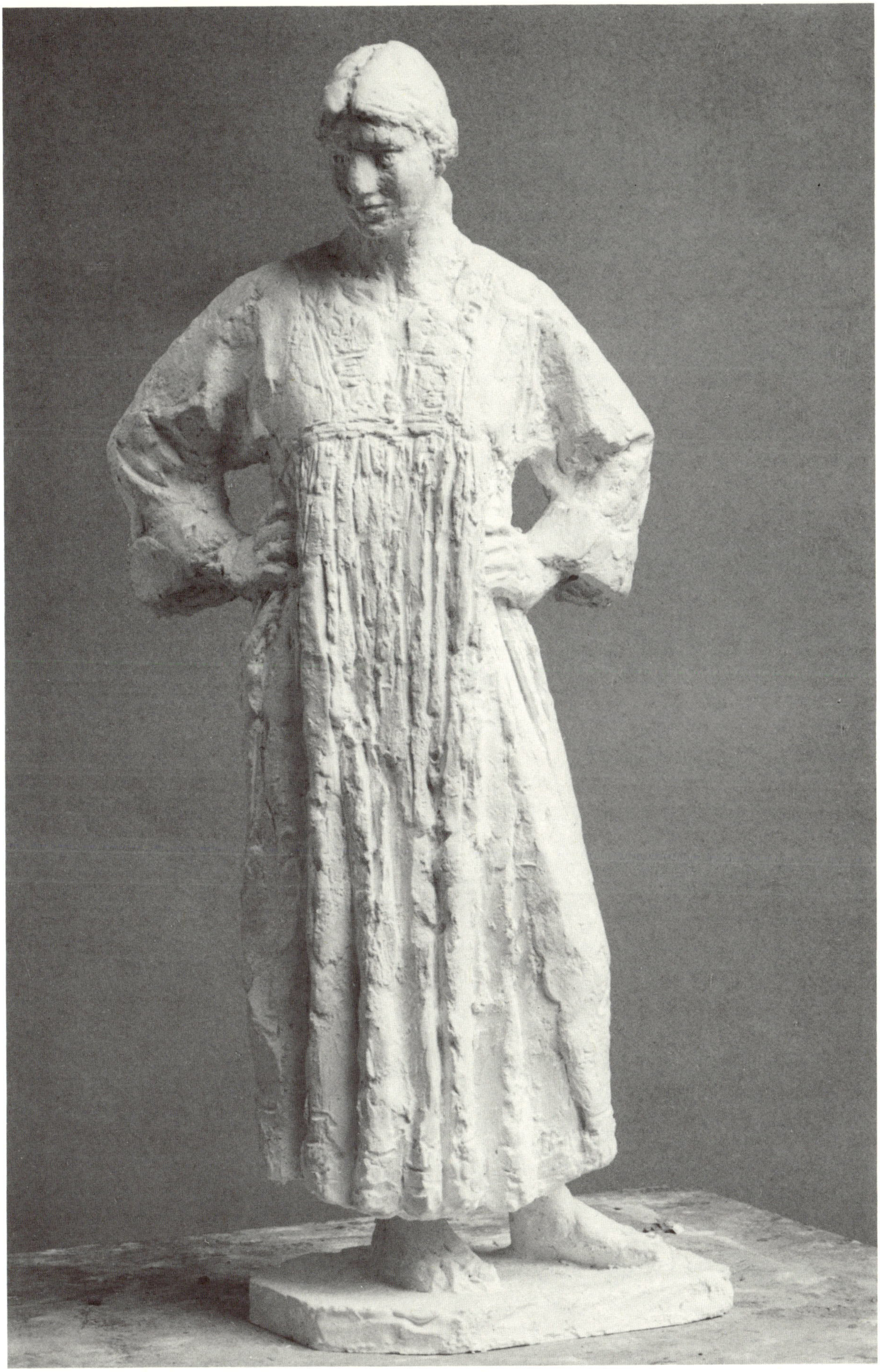

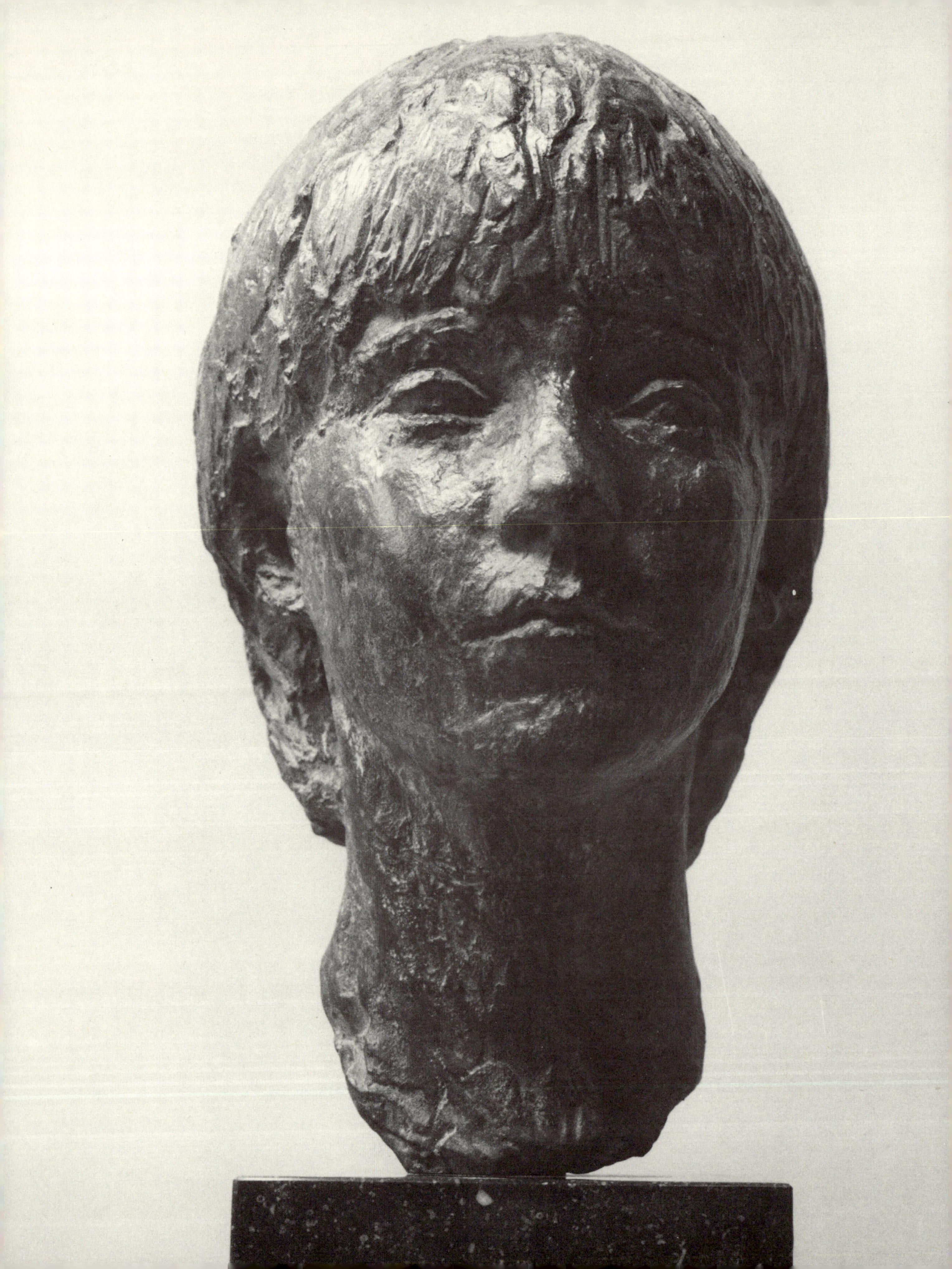

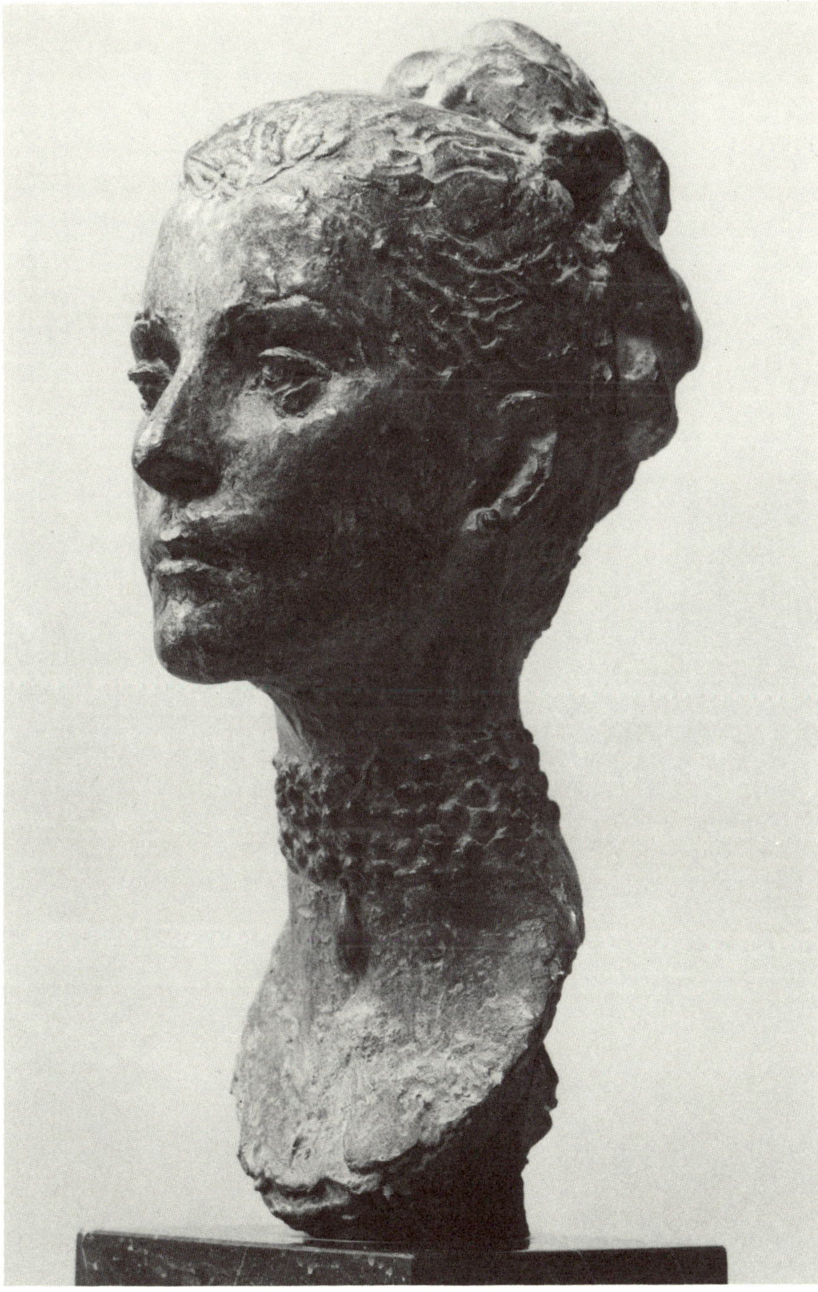

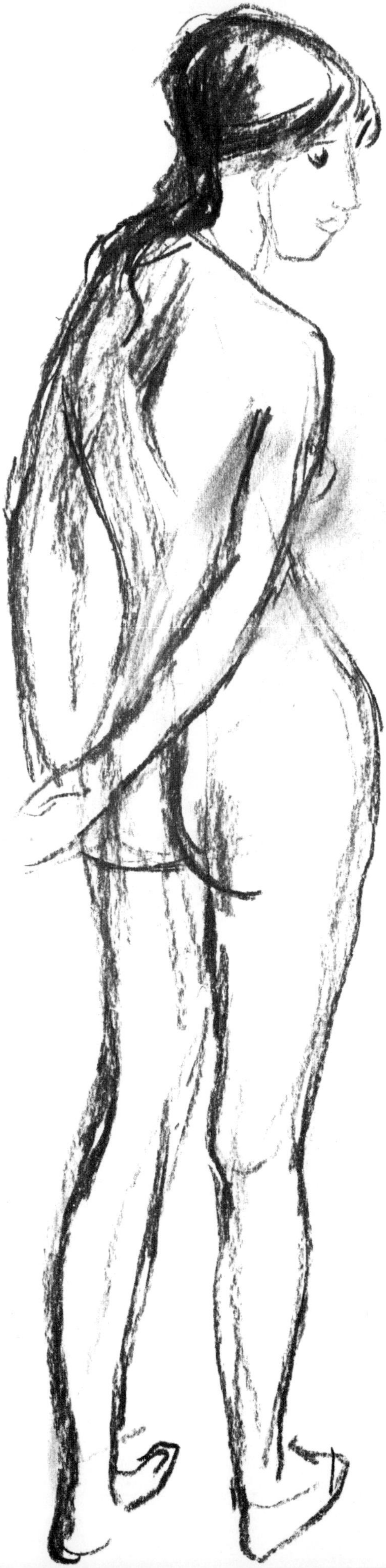

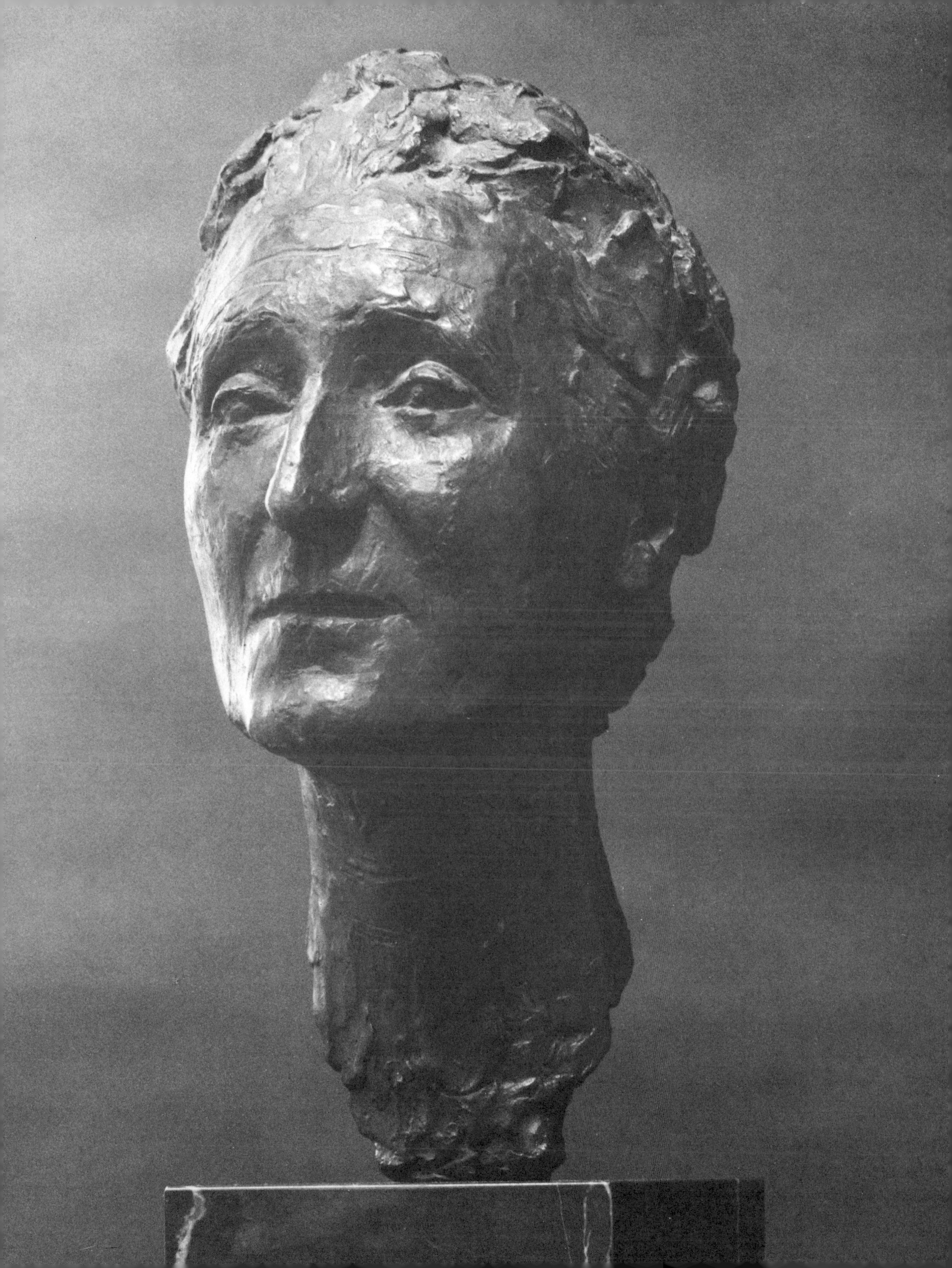

Werkverzeichnis

Die Vignetten auf den Seiten 100 und 109 sind Radierungen von Hildi Hess

Autobiographisches

Ich bin eine gegenständliche Bildhauerin und als solche der menschlichen Figur verpflichtet. Mich interessiert die Individualität und das Besondere eines jeden Menschen. Darum mache ich sehr gerne Porträts, aber auch in der Figur suche ich nach dem persönlichen Ausdruck des jeweiligen Modells, seinen besonderen Proportionen, Formen und Bewegungen, die der Plastik ihren eigenen Rhythmus geben.

Ein großes Anliegen ist mir auch die Bewegung als solche. Ich habe viel im Zirkus gezeichnet und Clowns und Akrobaten modelliert, und ich finde es spannend zu probieren, wie weit man in der Plastik gehen kann, ohne die Statik zu verlieren. Aus diesem Grund ist die Bronze mein bevorzugtes Material. In Stein habe ich verschiedene Reliefs gehauen und konnte so meine Freude an der zeichnerischen Komposition verwirklichen.

Ich wurde geboren am 19. Dezember 1911 im Haus meiner Großeltern im Letten in Zürich. Dort lebte ich in den ersten Jahren, während meine Eltern teilweise in Ägypten weilten. Als mein Vater 1918 als Orientalist Professor an der Universität Zürich wurde, zogen wir in ein Haus an der Frohburgstraße, wo ich meine ganze Jugend verbrachte. Meine Mutter hatte vor ihrer Heirat bei Hermann Gattiker gezeichnet, gemalt und vor allem radiert. Leider gab sie später ihre Kunst auf, teils wegen der Familie und weil ein Lungenleiden sie zu sehr ruhiger Lebensweise zwang. Sie war Landschaftsmalerin und konnte nicht begreifen, daß ich mich vor allem für Menschen interessierte, wo doch die Bäume so viel

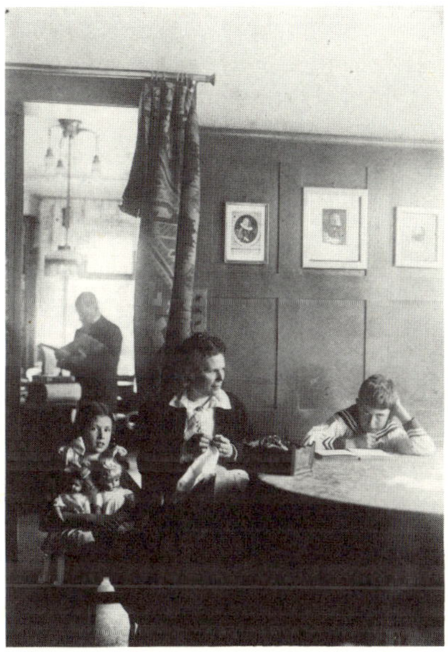

Familie Hess, Frohburgstraße, Zürich, ca. 1921

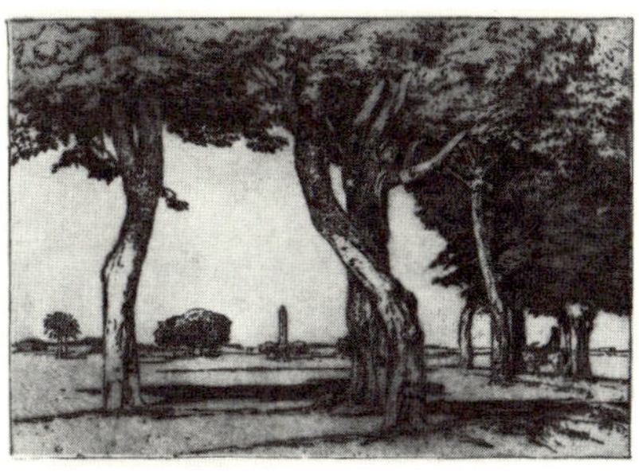

Radierung meiner Mutter, »Bäume in Ägypten«

schöner seien! Trotzdem hatte sie größtes Verständnis für mich und freute sich später, daß nun wenigstens ihre Tochter künstlerisch arbeitete.

Als Kind zeichnete ich viel, besonders während einer langen Krankheit in der Primarschule, und in der späteren Schulzeit waren meine Hefte voller Zeichnungen von Lehrern und Mitschülern. Als ich 13 Jahre alt war, machte meine Mutter während der Frühlingsferien mit meinem älteren Bruder und mir eine Reise nach Italien. In den Uffizien in Florenz sah ich zum ersten Mal die Malerei der italienischen Früh-Renaissance, die mir

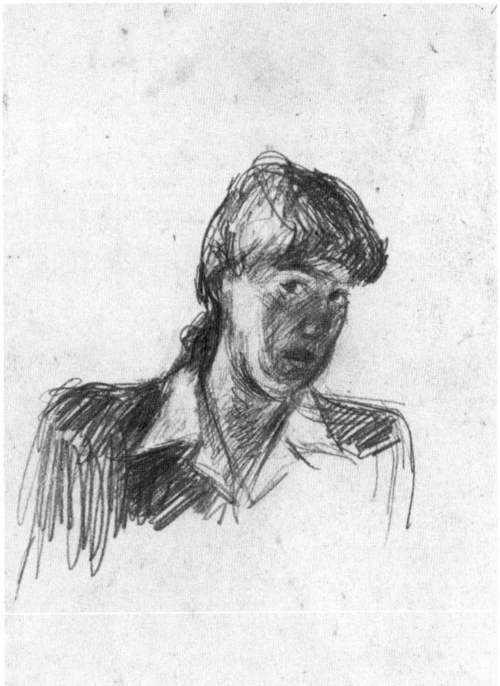

Selbstporträt, ca. 1959, Bleistift

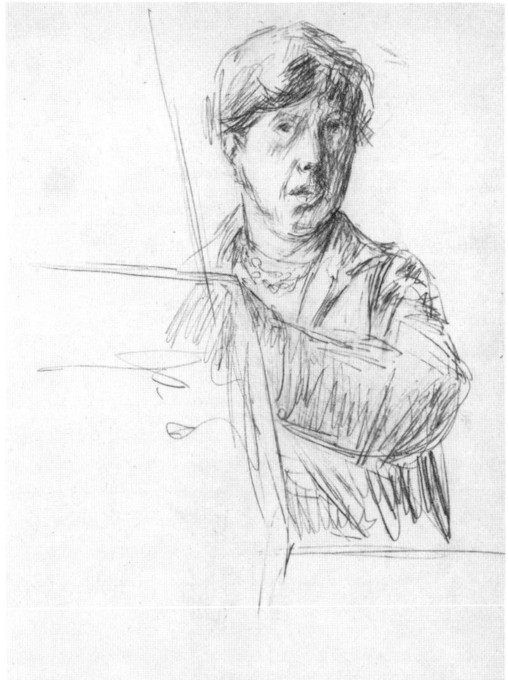

Selbstporträt, ca. 1962, Bleistift

besonders gefiel, vor allem die Madonnen und die Bilder auf Goldgrund. Damals beschloß ich, Kirchenmalerin zu werden. Über mein Bett hängte ich mir Reproduktionen von Madonnen und Rosenkränzen, obwohl ich nicht katholisch war. Für die Bildhauerei hatte ich noch keine Augen. Das kam erst später, als ich in der 3. Sekundarklasse am Samstagnachmittag bei Frau Schär-Krause modellieren durfte. Meine Mutter fand, daß dies einen guten Boden legen würde für einen allfälligen künstlerischen Beruf, den sie bereits ahnte. Später hat sie das sehr bedauert, in der Meinung, daß ich ohne diesen Unterricht nie Bildhauerin (ein besonders »ungesicherter und abwegiger« Beruf) geworden wäre.

Nach Absolvierung der Primar-, Sekundar- und Töchterschule (ehemalige Fortbildungsschule) trat ich in die allgemeine Klasse der Kunstgewerbeschule ein. Dort hatte ich das Glück, mich bei vielen interessanten Lehrern (alles Künstler) auf meinen späteren Beruf vorzubereiten. Dreimal in der Woche durfte ich bei Carl Fischer modellieren, der meine Eltern, die mich in die Grafikklasse schicken wollten, davon überzeugen konnte, daß dies nur ein Umweg wäre – später würde ich doch Bildhauerin werden. Mit Karl Hügin gingen wir in den Belvoirpark aquarellieren, und bei Ernst Georg Rüegg hatten wir die einzigen Stunden, in denen man nach lebendem Modell zeichnen konnte (er wollte immer, daß ich nur den Kopf des Modells zeichne, »weil ich das am besten könne«). Vielleicht hatte er recht, ich habe immer sehr gerne porträtiert und später viele Köpfe modelliert, für mich und als Auftrag, Kinder und Erwachsene, darunter auch ein paar bekannte Männer wie Max Huber, Nello Santi, Hans Weigel, Walter Herdeg und Friedrich Dürrenmatt. Walter Roshardt ist mir vor allem in Erinnerung durch seine lebendige, unkonventionelle Art, wie er uns die Kunstgeschichte nahebrachte, vor allem die Zeit der Impressionisten, die ich vorher kaum kannte. Besonders aber sind mir die Stunden bei Otto Meyer-Amden unvergeßlich. Vieles nahm er voraus, was ich erst viel später begreifen konnte.

Da es keine Bildhauerklasse an der Kunstgewerbeschule gab und ich auch nicht wußte, wer mich als Ganztagsschülerin nehmen würde, wurde beschloßen, daß ich für einen Winter nach Paris gehen sollte. 1932 kam ich nach Paris und modellierte und zeichnete an verschiedenen freien Akademien, wie der »Grande Chaumière«, der Académie Ranson und Académie Scandinave, wo während eines Monats im Jahr Charles Despiau korrigierte, einmal pro Woche. Der Andrang war groß und glücklich der Schüler, bei dem er etwas länger verweilte! Im Frühling kam ich nach Zürich zurück und sollte nun da bleiben und bei einem Zürcher Bildhauer weiterlernen. Ich versuchte es bei Karl Geiser, der mich nicht wollte, dann ging ich zu Otto Charles Bänninger, den ich in Paris kennengelernt hatte. Er wollte mich auch nicht, sagte mir aber, daß seine Frau, Germaine Richier, Schüler nehme, allerdings in Paris. Ich hatte noch nie etwas von ihr gehört noch gesehen und war sehr unentschlossen. Zu eben dieser Zeit war eine kleine Ausstellung im Hause Egender an der Wasserwerkstraße mit Bildern von Trudi Egender und Cornelia Forster und Plastiken von dieser mir unbekannten Germaine Richier. Ich ging hin und war begeistert, von ihren Plastiken und von ihr.

1934 durfte ich ein zweites Mal nach Paris fahren, nun als Schülerin von G. R. Ihrem künstlerisch lebendigen Unterricht verdanke ich alles, was für meine spätere Arbeit zählte. Zeitweise arbeitete auch ihr Mann, Otto Charles Bänninger, an einer großen Steinfigur in ihrem Atelier, und später durfte ich unter seiner Leitung mit Steinhauen anfangen. Ich sollte einen Kopf nach einem Gipsabguß des »Ange de Reims« hauen. Ich werde mich ewig an die vielen Locken erinnern! Die nächsten drei Jahre verbrachte ich nun jeweils von November bis Juni in Paris, und diese Jahre waren nicht nur bestimmend für meine Arbeit, sie brachten mir auch eine lebenslängliche Freundschaft mit Germaine Richier und Otto Charles Bänninger.

1937 nahm ich schweren Herzens Abschied von Paris und installierte mich in der Folge in verschiedenen Ateliers in Zürich (Dachzinnen, Waschküchen, Garagen, und einmal auch in Bänningers Atelier, während er in Paris war). In diese Zeit fallen auch mein erster Wettbewerb (für das Kongreßhaus) und die erste Ausstellung mit der G. S. M. B. K., deren Mitglied ich seit 1937 bin. 1936 hatte ich bereits an einer »Nationalen« einen Kopf ausgestellt und einen Bundesankauf gehabt. Zuvor in Paris, 1935 und 1936, hatte ich im Salon des Tuileries und im Salon d'Automne ausgestellt. Ich hätte schon 1934 im Salon des Tuileries ausstellen sollen, aber zwei Tage vor der Ablieferung ließ ich den Kopf, der dafür bestimmt war, fallen. Er war aus Gips. Ich lernte, daß man in einem Bildhaueratelier nicht schußlig sein darf.

1938 erhielt ich das Bundesstipendium, und mit der ersten Rate unternahm ich eine Reise durch Italien. Dieses Mal waren es nicht die Goldgrund-Madonnen, sondern die etruskischen, griechischen und römischen Skulpturen, die mich beeindruckten. Auch zeichnete ich, soviel ich konnte, in den Gassen von Rom und Neapel.

1939 hatte ich ein Atelier an der Feldeggstraße (einen Laden), und als bei Kriegsausbruch Germaine Richier und Bänninger nach Zürich übersiedelten, überredete mich Germaine, mein Atelier aufzugeben und wieder mit ihr zusammenzuarbeiten. Sie hatte ein großes Atelier am Hirschengraben gefunden, und so konnte ich noch einmal in ihrer anregenden Atmosphäre arbeiten. Sie hatte nun viele Schweizer Schüler, von denen manche meine besten Freunde wurden, wie Vreni und Hugo

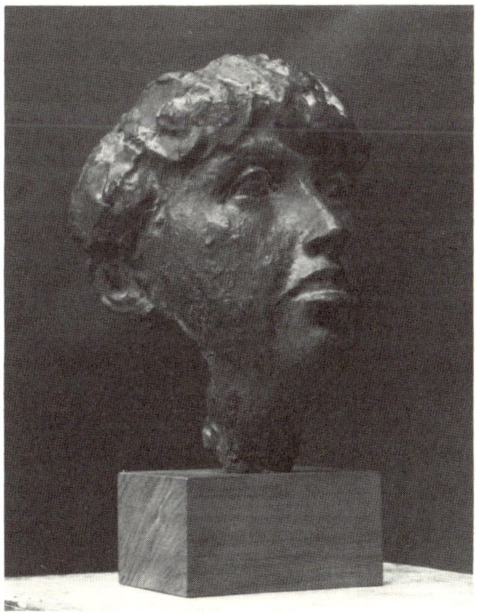

Büste Quinto Martini von HH, ca. 1949

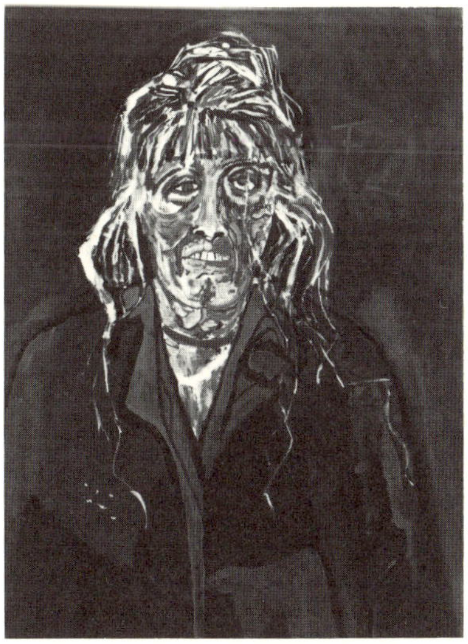

Porträt Hildi Hess von Friedrich Dürrenmatt, 1979

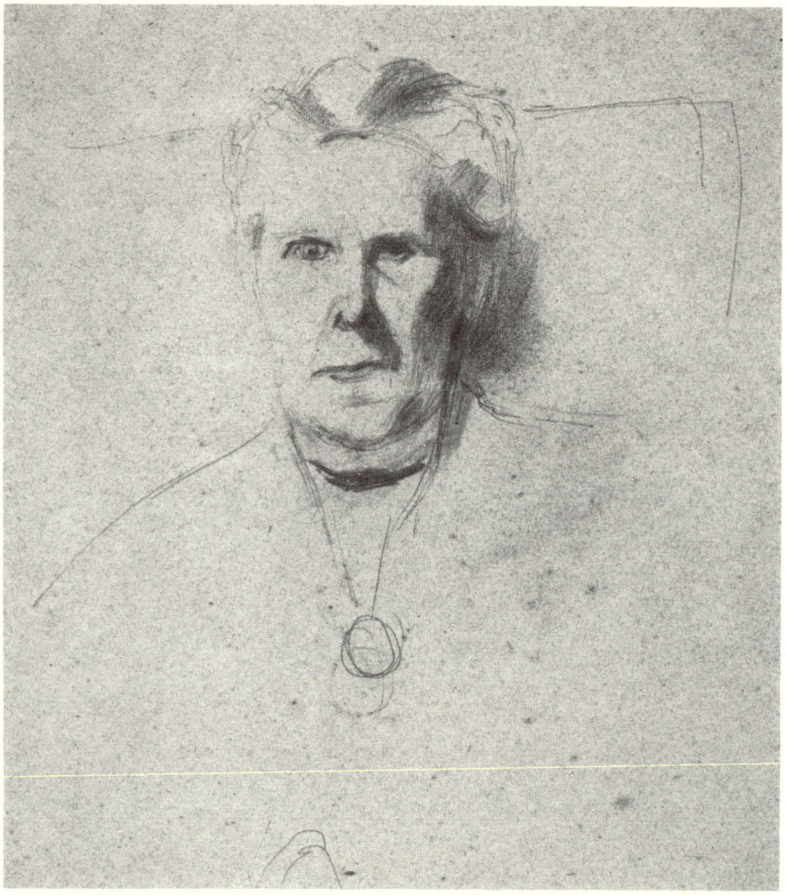

Meine Mutter, ca. 1944, Bleistift

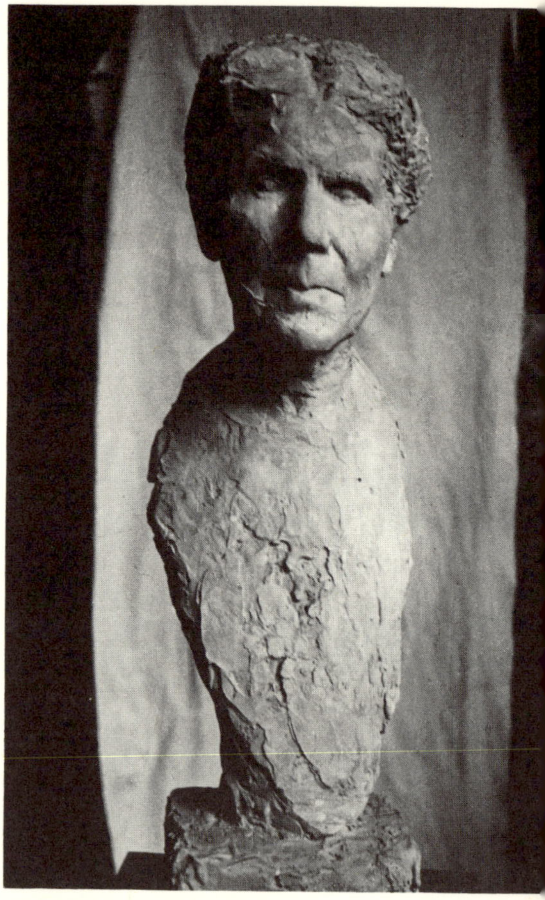

Meine Mutter, 1949, Bronze, 62 cm

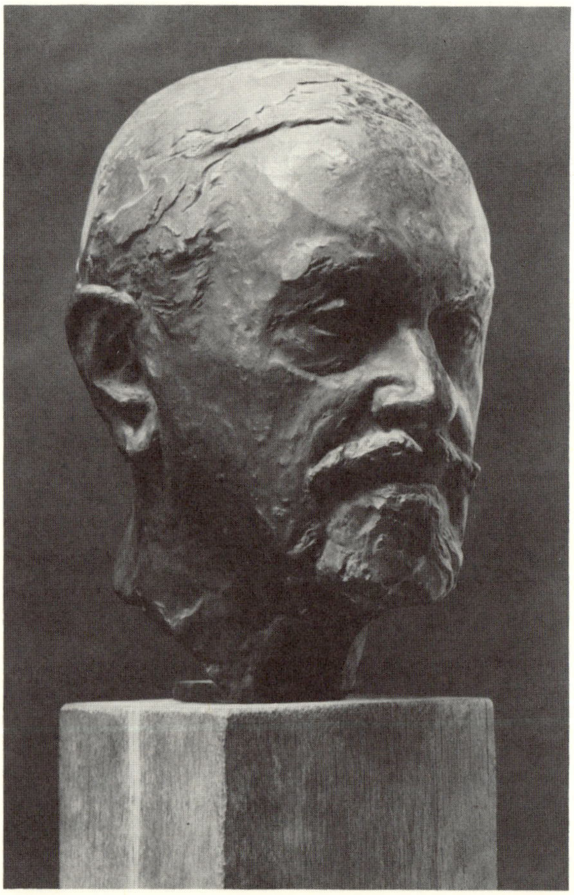

Mein Vater, 1938, Bronze, 28 cm

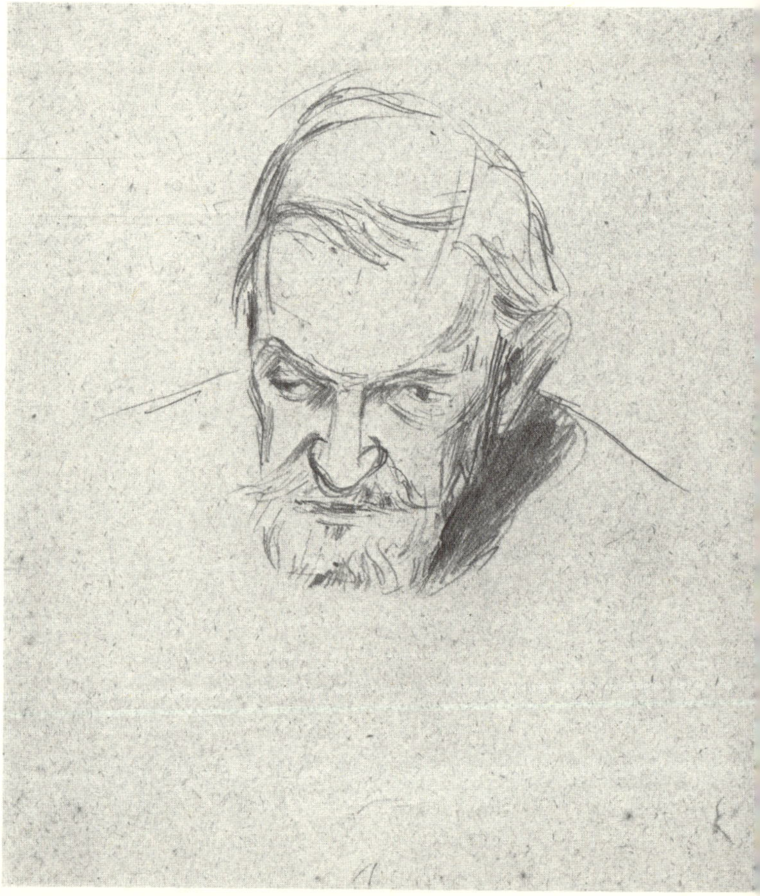

Mein Vater, ca. 1946, Bleistift

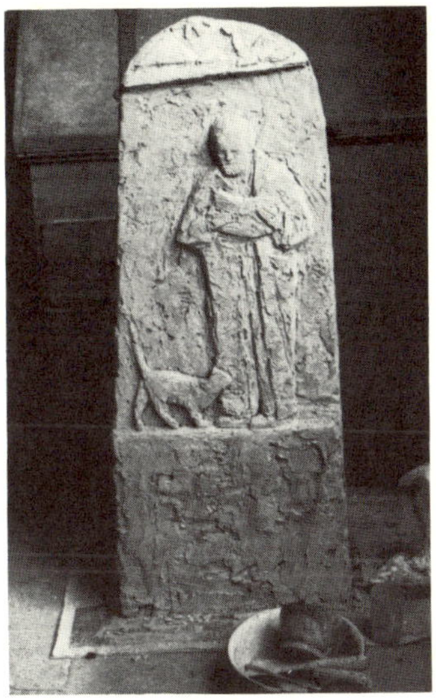

Mein Vater mit Katze und Buch, Grabsteinentwurf

Imfeld, Katrin Sallenbach und Robert Müller, mit dem ich während des Krieges eine Zeitlang ein Atelier an der Militärstraße teilte. Durch Bänningers lernte ich Hermann Hubacher kennen, der mir später Schüler schickte und sich verschiedene Male mit großer Freundlichkeit für mich einsetzte. Auch Ernst und Sascha Morgenthaler lernte ich durch sie kennen, was zu neuen Freundschaften führte. Alte Freundschaften aus der Kunstgewerbeschule, wie mit Trudi Wagner, Yoshida und Eugen Früh, Bianca und Hans Fischer (fis), wurden erneuert, und neue Freunde wie Karin und Walter Sautter, Anny und August Frey und viele andere kamen dazu.

Mein zweites Bundesstipendium erhielt ich 1944, während des Krieges. Da mußte man in der Schweiz bleiben. Erst 1947 ging ich wieder ins Ausland. Diesmal nach Florenz, wo ich im Atelier einer Freundin aus der Pariser Zeit drei Monate arbeiten konnte. Durch sie kam ich auch in Kontakt mit italienischen Bildhauern und Malern. 1946 war ich in ein richtiges Atelier an der Mühlebachstraße gezogen, in dem ich 32 Jahre gearbeitet habe, unterbrochen durch kürzere Aufenthalte in Paris 1953, Amerika 1958 und wieder Florenz 1969. Auch konnte ich viele schöne Reisen machen, allein und mit Freunden. So war ich in Spanien und Griechenland, Tunesien, Marokko und Ägypten und dreimal auf großen Reisen in Asien. Zum Teil verdanke ich diese Reisen meinen Freundinnen und Mäzeninnen Ellen Weyl und Marilys Gygi-Reinhart.

Leider wurde mir mein Atelier an der Mühlebachstraße 1978 gekündigt. Seither arbeite ich in einem ehemaligen Waschhäuschen an der Freiensteinstraße, das dem Kanton Zürich gehört, und hoffe, daß ich bis an mein Lebensende dort bleiben kann.

Hildi Hess

[Frühjahr 1981]

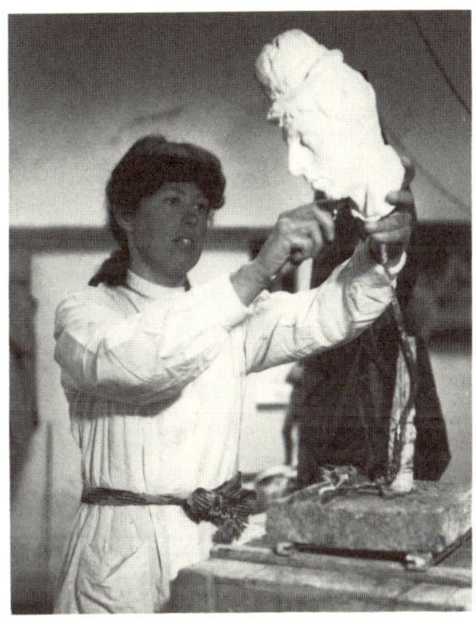

Hildi Hess an der Arbeit im Atelier

Briefe von und an Germaine Richier

[PARIS, 11. JANUAR 1936]

Chérie!

Allons, ne riez pas de ce titre, et laissez-moi, pour une fois, vous appeler joliment.

J'ai découvert votre travail, et c'est peut-être parce que j'ai vu que mon poulain Hildy trottait bien que je vous appelle ainsi.

Il faudrait bien, de temps en temps, que je vous donne la certitude de tout le bien que je pense. Mais – vous présente, je veux encore mieux.

Et nous aurons mieux. C'est ce mieux que je voudrais vous donner affectueusement pour la nouvelle année. Je vous désire une merveilleuse santé, et que vous restiez l'individu sympathique et franc que vous êtes.

Quant à votre sculpture, soyez rassurée, vous êtes dans la bonne voie, et vos yeux savent voir, vous commencez à réaliser, et je suis d'autant plus attachée à ce que vous faites que je sens un certain rapport et surtout beaucoup de compréhension de mon esprit au vôtre.

Je pense déjà avec beaucoup de tristesse que vous allez, à la fin de l'année, quitter le 36. Je sais très bien, que nous nous retrouverons en Suisse, mais à Paris vous me manquerez. Et je ne suis pas faite pour être un professeur d'enfants riches dans le sens que je vois, ou de femmes mi-artistes mi-bourgeoises. Il faut être plus pur pour comprendre l'art.

Nous avons fait avec Lucie une merveilleuse tête de Lucette. Bien entendu c'est un Vogt. Mais Beni prétend que j'ai fait là un merveilleux Richier. Et je suis un peu triste pour mon temps qui s'envole.

On ne peut pas tout avoir.

J'ai travaillé avec Loretto. Je crois qu'à votre arrivée les bras seront terminés. Je veux changer la tête, et travailler la jambe gauche. Le 1er février *on termine.*

Vous avez, en rentrant, un buste à commencer. Et je crois que nous allons avoir de beaux modèles. J'en cherche un ou deux pour des statuettes (études sérieuses). Je suis allée à la grande chaumière, rien que de vilains modèles, mais Lucette arrive demain avec deux qui, paraît-il, sont très beaux.

L'amie de Caillard vient poser le 15 (buste).

Je suis pleine d'ardeur, et je veux que cela marche fort.

Arrivez-moi pleine de santé. Nous avons été dans le midi. Ma mère était très heureuse ainsi que tous les miens.

Nous sommes restés 11 jours seulement, mais c'était très bien. Au printemps on ira à Fontainebleau, Mademoiselle.

Comment vont vos parents? Dites leur tous nos vœux affectueux pour la nouvelle année. Je ne me rappelle plus la date de l'anniversaire de votre père. S'il est encore temps, soyez discrète et envoyez moi une carte. Si non, dites-lui toutes nos félicitations sincères d'admiration.

A très bientôt, amie. Pour votre maman et pour vous de bons baisers, ne nous oubliez pas auprès de Monsieur Hess.

Mon mari vous envoie à vous et à vos parents ses meilleurs amitiés G. Richier

Je n'ai pas eu le compas pour vous le porter. J'ai reçu une longue lettre de Madame Gsell à son professeur. Vous *rirez...*

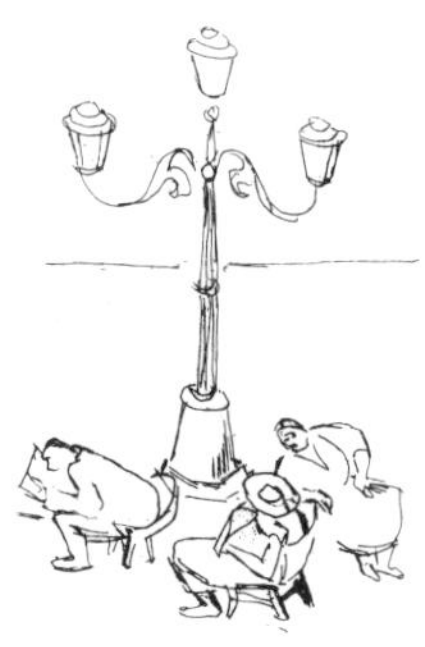

[PARIS, ca. 1937]

Vive votre arrivée

Enfant terrible
Le salon des Tuileries aura lieu, courant juin.

Vous avez le temps de mouler le buste et d'arriver.

Malgré la grande hâte que j'ai eu vous avoir près de moi, la date du 1er irait mieux. Mon atelier est en pleine transformation et on doit mouler le grand bas-relief et la figure que j'ai pour le Pavillon Méditerranéen car j'ai eu cette commande il y a 3 semaines seulement, je dois la donner à agrandir. Inutile de vous dire que je travaille dur, pas une minute pour respirer. Mais cette figure me plaît à faire et a une merveilleuse place. Alors, à partir du 1er juin je m'occuperai sérieusement de mon académie, et en particulier de vous. Préparez-vous et apportez vos mouchoirs mondains, chérie.

Nous resterons tout juin et juillet. Et puisque vous ne craignez pas la chaleur, tout va bien.

Votre découragement est *idiot*. Prenez donc votre travail plus légèrement. Mais je suis sûre quand même que le buste de votre maman n'est pas mal du tout, et puis il faut en rater pas mal pour arriver au très bien.

L'atelier a reçu une armoire, énorme, quand nous ne saurons quoi faire, on fera à cache-cache dedans, douce perspective.

Soignez l'atelier du Maître, dans le mien vous pouvez continuer vos prouesses de moulage, nous devenons quand même des gens très bien, mais pour l'instant l'atelier ressemble à la foire aux puces.

On se réjouit de vous voir arriver, on débouchera une bouteille de Cinzano.

Je vous conseille de vous calmer, ayez confiance en vos qualités, en vous-même et un peu en moi.

Tendrement je vous embrasse, et arrivez. Bien des choses à vos parents. Apportez bouteille Soya.

[G. Richier]

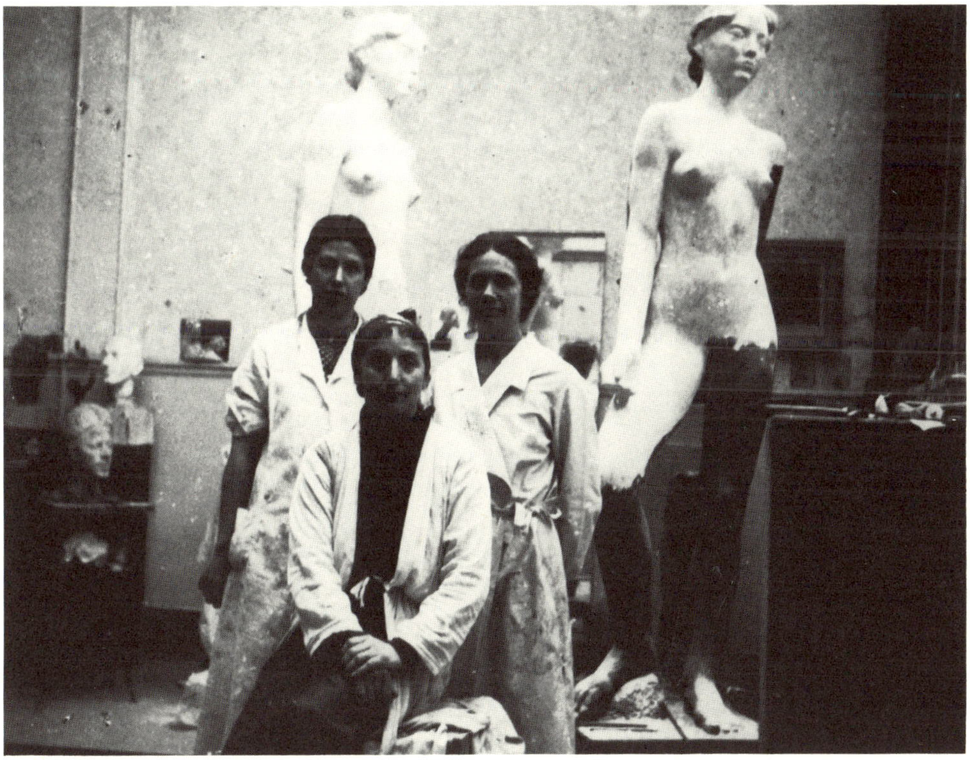

v. l. n. r.: Hildi Hess, Germaine Richier, Mme. Bruneton, mit unvollendeter Steinfigur von Otto Bänninger. Atelier Richier, Paris

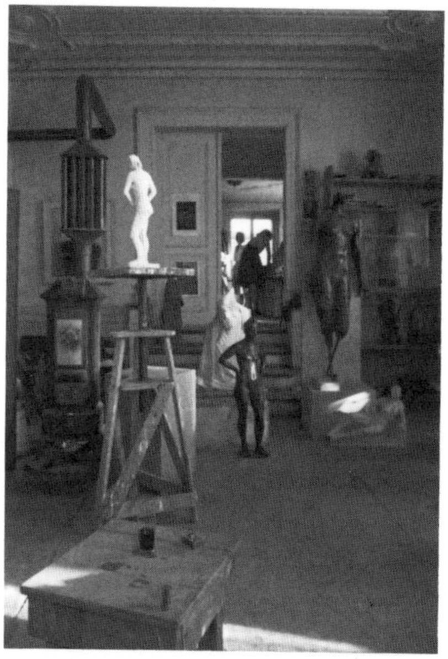

Atelier Richier, Hirschengraben, Zürich

[Zürich, 1937]

Chère Maine,

J'espère que vous ne m'en voulez pas de mon silence! J'avais l'intention de vous écrire depuis le premier jour, mais ces 3 semaines ont passé je ne sais comment! Je voulais vous remercier encore une fois pour votre amitié, votre enseignement plein de feu, votre patience et pour tout ce temps que vous m'avez sacrifié!! Je suis très, très contente de mon séjour à Paris et j'ai l'impression que j'ai appris plus que jamais.

Je crois que les gifles et les »têtes de veau« porteront leurs fruits!

Pour le moment je suis au repos complet. Après avoir été 8 jours à la maison, je suis partie pour une semaine à Ascona avec mes amis musiciens. J'ai passé un temps merveilleux. On s'est levé tard, on est allé au bain, et puis une sieste interminable, et le soir on allait danser. Je suis rentrée depuis 3 jours pour faire un peu de ménage à la maison, la bonne est en vacances. Samedi en 8 jours je vais partir encore un peu à la montagne chez la vieille dame.

En attendant je fais le déménagement dans mon nouvel atelier. Vous voyez, j'en ai un, et naturellement il est à votre disposition. C'est l'atelier que ma mère avait trouvé pendant mon absence. Ce n'est pas l'idéal, mais ce n'est pas mal. Il est malheureusement bas mais assez grand et très clair, et pas loin de chez moi. C'est déjà quelque chose!

Et vous, que devenez-vous? Je pense que vous travaillez avec ardeur à la tête de votre statue! Et le voyage en Yougoslavie, où en êtes-vous? Est-ce que vous serez en Suisse en août? La section de Zürich des femmes peintres et sculpteurs a une exposition au Kunsthaus qui ouvre le 4 août. Je vais envoyer la tête de l'homme, la nouvelle tête et le torse de Loreto. J'ai un peu mauvaise conscience à cause du torse et j'aurais bien voulu vous demander la permission et des conseils. Mais l'exposition qui aurait dû être en septembre est avancée et j'ai dû remplir mes papiers sans vous. Madame Morach est dans le jury. Probablement elle ne me prendra qu'une seule chose, mais il faut y envoyer plusieurs.

Vreni travaille depuis une semaine chez Fischer, je la verrai demain. Elle m'a demandé de vos nouvelles par téléphone.

Si vous voyez Lucie, dites-lui que je pense souvent à notre voyage merveilleux dans le midi. J'ai voulu lui envoyer une carte d'Ascona, mais une fois de plus je ne savais pas son adresse.

Pour vous et votre mari toutes mes amitiés.

Je vous embrasse
Votre Hildi

Mes parents vous envoient bien des choses. On a parlé aujourd'hui d'une bouteille de vin ancien qu'on boira quand vous viendrez manger chez nous!

Un baiser pour Yvonne! Avez-vous assisté à l'arrivé du roi d'Angleterre?

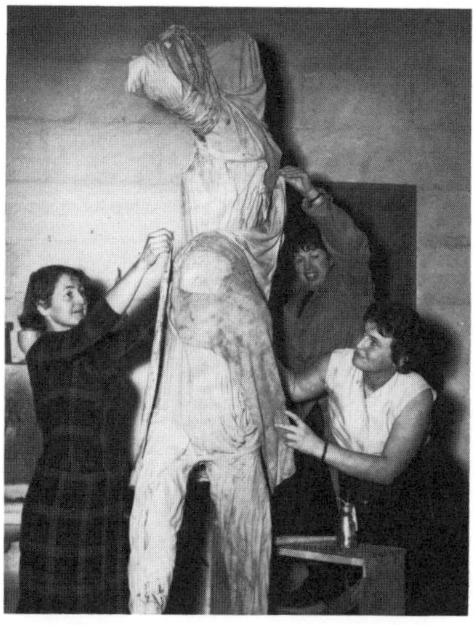

v. l. n. r.: Saffa-Preisträgerinnen Germann, Hess, Knaur, mit verpackter Saffa-Figur (Rhythmus) von HH, im Atelier Hess, Mühlebachstraße, Zürich, ca. 1958

[ZÜRICH, 13. NOVEMBER 1937]

Chère Maine,

Voilà déjà un mois depuis le dernier téléphone d'adieu! J'ai toujours le sentiment que vous devez revenir un jour ou l'autre, parce que je ne vous ai pas accompagnée à la gare comme les autres années, avec »embrassades« et larmes! Mais je pense que vous êtes installée à Paris pour de bon et qu'il n'y a pas d'espoir de vous voir avant que je vienne à Paris ce printemps! Alors, si vous avez un moment, écrivez-moi ce que vous faites, si vous avez retrouvé votre »bonheur« dans le travail. Comment va l'Académie? Est-ce que tout le monde fait Bouboule (pardon: Yvonne!)? Vous savez que tout m'intéresse!

Quant à moi, je jouis de mon atelier tant que je l'ai encore; janvier sera vite là! Pour mes modèles je n'ai pas de chance! Erna m'a plaquée, pour un mois, dit-elle, mais j'ai bien peur que ce soit pour plus longtemps. Elle a trouvé un travail régulier au bureau pour l'exposition 39! Si après ce mois elle ne revient pas (ce que je crois malheureusement), il faudra qu'elle me pose les samedi après-midis et dimanche matins. Je n'ai pas l'intention du tout d'abandonner ce buste!

En attendant j'ai commencé un nu avec un autre modèle, et je crois que j'ai trouvé une belle pose. En tout cas je travaille avec grand plaisir. Je me fais la leçon toute seule en me rapellant ce que vous m'aviez dit et ce que vous diriez! Je crois que j'ai appris beaucoup avec Bouboule, malgré que je l'aie ratée, ça ne veut pas dire que je ne me trouve pas vis-à-vis des mêmes difficultés! Je me bats avec le mouvement et j'ai recommencé pour la 2ème fois mon nu.

J'attends toujours les concours pour l'exposition 39, mais ils ne sont pas encore sortis. Bientôt, dit on! 2 fois par semaine je dessine chez les femmes (la section de Zürich). Il y a plutôt des vieilles femmes, mais quelques-unes de jeunes, dont une j'avais vu à Paris au printemps dernier.

Samedi il y a 8 jours, j'ai été à Berne au vernissage de l'exposition des femmes. J'ai fait le voyage avec Mme Gsell, Morach et une femme peintre très intéressante. Mme Gsell a été charmante et je crois que c'est grâce à elle qu'on m'a donné une très belle place avec une bonne lumière. On ne m'a pris qu'une seule tête, celle de Lulu, mais j'ai vu que personne n'avait plus de deux choses. L'essentiel c'est qu'on m'a prise et que je suis maintenant membre de cette société! Il y avait des choses plus intéressantes dans la peinture que dans la sculpture. La sculpture, je l'ai trouvée assez mauvaise, aussi il y avait peu de sculpteurs en comparaison des peintres.

Après un discours officiel et un tout petit discours de Suzanne Schwob, on s'est retrouvé pour un grand banquet et on a bouffé, comme des dieux! Là j'ai fait la connaissance de plusieurs peintres et sculpteurs des autres sections, Berne, Bâle et Suisse française, et j'ai eu enfin l'occasion de dire bonjour à Mlle Schwob qui était naturellement très occupée. Avant de se séparer on a encore regardé les arts appliqués où il y avait de belles choses.

Je suis restée à Berne pour le dimanche chez mon amie musicienne qui est maintenant une mère très occupée et j'ai dû admirer son fils et constater les ressemblances. Je n'en ai pas trouvé beaucoup, mais il était mignon et a failli me faire pipi sur les genoux.

Voilà la chronique de ma vie depuis que vous êtes partie. Je suis allée voir votre mari qui était charmant, mais j'ai bien peur qu'il ne vous ait jamais écrit mes amitiés et salutations.

Je m'arrête et je vous embrasse de loin.

Votre Hildi

Mes amitiés à l'Académie, Bouboule et Musi.

J'espère que vous m'écrirez un jour.

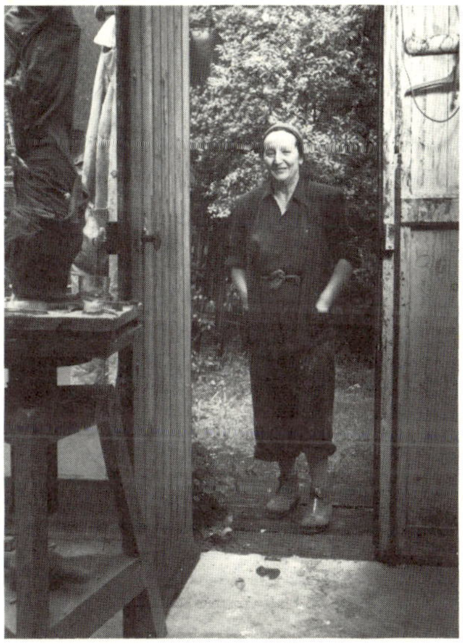

Germaine Richier im Garten ihres Ateliers in Paris, ca. 1937

[PARIS, 27. DEZEMBER 1937]

Bouboule dite Yvonne t'envoie son affectueux souvenir et ses meilleurs vœux silencieux... pour la nouvelle année

Chérie,
Que penses-tu du silence du professeur! Je dois te dire depuis bien bien des jours que je n'ai pas encore pleuré dans tes beaux mouchoirs, que les bas que tu as choisis avec Beni sont épatants (ils sont morts bien entendus) et que toutes les gentillesses que tu as eu pour moi, m'ont infiniment touchée, tu restes... l'enfant prodigue de mon cœur.

La trousse de voyage m'a déjà servi pour mes longs parcours imaginaires, j'ai tant parcouru... que les brosses sont usées et chauves.

Aujourd'hui l'Atelier a fêté Noël, on s'est donné des cadeaux, on a bu du Cinzano, on a croqué les éternels petits-beurre et pour terminer, comme dans les pensions religieuses, le professeur a félicité les élèves, les a gonflés, à m'entendre nous étions chacun dans nos rôles de super As.

Et voilà l'atmosphère du ›Cours Villon‹, c'est le nom que j'ai choisi pour abriter nos histoires drôles qui feraient, certaines, rougir un grenadier.

A part cela, le travail marche, et je dirais même très bien.

Lucie a terminé sa taille directe qui est devenue vraiment quelque chose. En ce moment elle fait une statue grandeur nature en terre (sic).

Bruneton de la Brunette. Bouboule. Mais pas mal du tout. Elle va commencer un buste.

Germaine Richier est à sa cinquième tête sur les mêmes épaules, mais c'est mieux, et le chef-d'œuvre: convaincue qu'en l'an 19!!!!! sa statue s'achevera.

Le travail de plâtre est une chose inouïe pour moi, mais j'ai la sensation que j'apprends beaucoup, et que je prends de l'assurance pour les futures, et puis la forme se précise, et devient plus dure, mais je veux garder une certaine souplesse. Le mot souple ou souplesse ne m'appartient pas, il appartient à Von Mülinen dont j'ai eu la visite. (Pénible sensation pour notre corporation féminine d'artistes.) Ce buste est très beau parce qu'il est souple.

Gsell aussi est venue, tu le sais. On a parlé de toi, très gentiment. Mais *surtout* ne t'amuses pas à faire de la sculpture en *commun*. Je m'y oppose, pour cela j'ai mon idée. Si elle veut devenir ton élève, je donne mon consentement, mais je trouverais singulier qu'elle apprenne sous d'autres formes.

Dis-moi, il paraît que tu travailles *très très bien*. C'est l'appréciation de l'inspecteur Beni. Je crois entre nos quatres yeux (ne louchons pas pour cela) qu'il est légèrement surpris de toi par ton travail et de moi comme professeur. J'espère pas que tu rates à la dernière minute, je serais si heureuse, si fière! Si emue, si vivante si mon poulain avait une commande. Ce serait magnifique. Il faut que tu te distingues, et quand nous nous retrouverons sur le même banc avec ma légion d'Honneur agrandie de ruban argenté et que je parlerai au docteur Honoris Causa Hildy Hess. Alors nous ferons de la sentimentalité et reparlerons de notre brillante jeunesse.

Que fait ton cœur? J'espère que tu ne le confis pas dans la glaise, fais-toi de jolies boucles brunes et trouve un mari. Si non je m'en occupe... et sérieusement cette fois. Il faut que tu aies une commande et tu viens passer deux ou trois mois t'allaiter... au Cinzano de l'atelier. Tu as laissé un merveilleux souvenir dans nos cœurs. Réjouis-toi, nous avons toujours admirablement bien parlé de toi et tu sais c'est rare. C'est notre cadeau personnel pour 1938. A tes chers parents et pour toi tous nos vœux de bonheur affectueux. Beni et moi t'embrassent.

Ton Maître et amie qui t'aime G. Richier

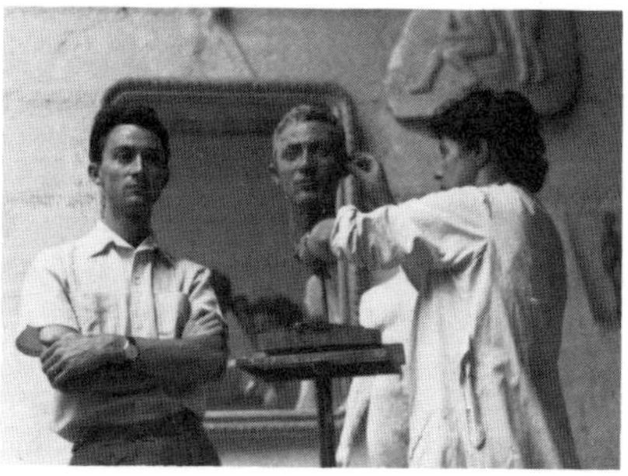

Daniel Keel und Hildi Hess im Atelier Mühlebachstraße, ca. 1952

[PARIS, ca. 1938]

Ma chère Hildy.
C'est une honte. Tout le monde croit à l'atelier que tu as reçu en son temps un télégramme de félicitation de nous toutes. Lucie devait l'envoyer pour moi, et puis on a bu le Cinzano avec des cris de joie et j'espère bien, comme tu es une enfant sensible et spirituelle, que tu as compris tout cela sans preuve matérielle.

Eh bien ma chérie, comme les soldats de Napoléon après une victoire, reçois de ton vénérable Maître un tendre et pieux baiser, et crois que si ta joie a été grande, la mienne l'a été tout autant. Je suis ravie, c'est une bonne entrée en matière avec ces sacrées femmes, j'espère qu'après un tel début tu vas continuer à te faire respecter.

C'est très bien. Cela venge les hectolitres de larmes que tu as versées sur le sol de mon atelier, quant à moi, cela a donné du tonique à ma voix et de ce fait la Brunette débite double productions de ces mêmes larmes, auront-elles une destinée aussi glorieuse?

L'Académie Richier bat son plein, on travaille beaucoup, et l'on cultive la folie, avec santé.

Ma statue reçoit sa 6ème tête. Ce matin j'ai décidé que le nez et les joues et l'ensemble de cette physionomie aimable et rose n'allaient pas avec la pose de ma sculpture. Alors, demain matin je changerai pour la xème fois le masque, j'aimerais faire la tête humaine, mais peuple et non musée. Enfin on verra. Au mois de mai j'expose au Petit Palais. J'ai vendu ce mois-ci la maquette du Pavillon Méditerranéen. J'expose également à New York avec la fondation, je crois te l'avoir écrit, je ne sais encore le résultat.

Et toi, que fait ton concours, penses-tu venir bientôt vers nous? J'espère que tôt ou tard tu viens, il le *faut*. Mais si tu as l'intention de venir, n'attends pas juin. Si tu veux faire un voyage d'agrément, oui, si non, il faut venir près de moi quand je suis encore dans toute ma vitalité.

Si j'étais toi, après les résultats du concours j'arriverais, s'*il t'est possible,* alors tu peux travailler ensemble avec les autres. Rappelle-toi que l'année dernière tu étais un peu isolée. Remarque que je t'écris cela, comme si je parlais à moi-même, mais je veux surtout que tu saches qu'au mois de juin je ne sais ce que je ferai. Tu sais, depuis novembre je n'ai pas arrêté un jour, et les élèves non plus, et après mon exposition, si je suis contente, je me reposerai un peu.

Comment va ton travail? J'aimerais avoir quelques renseignements. Beni m'en donnera lorsqu'il viendra vous juger, ma chère.

Je fais en ce moment une médaille en or pour la 1ère communion de ma nièce. C'est très intéressant.

Je te quitte. J'aurais beaucoup encore à t'écrire, mais je suis lasse. Toutes mes affectueuses amitiés à tes parents et pour toi, chère illustre élève, de bons baisers tendres

ton amie
Maine

Bonjour d'Yvonne et de toutes tes amies du 36 et du Mari

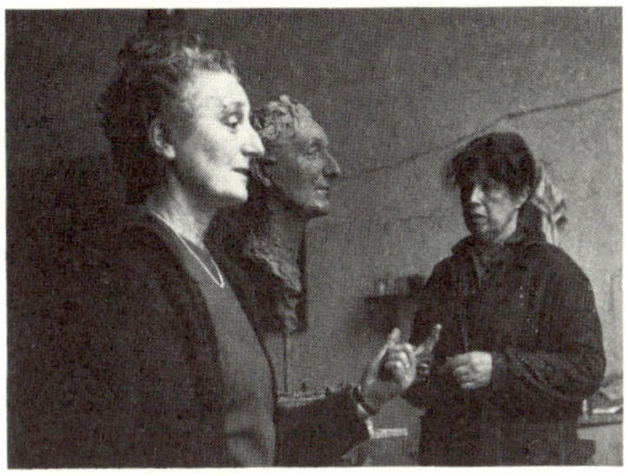

Andrée Keel und Hildi Hess im Atelier Mühlebachstraße, ca. 1961

[Paris, 22. März 1939]

Ma chérie
C'est vraiment trop long pour venir te donner l'accolade du vainqueur, mais crois sincèrement et affectueusement que j'ai eu une très très grande joie. Tu mérites tout cela et plus. Mais n'oublie pas que je t'attends au mois de mai et juin pour venir te baigner de l'air de Paris. J'écris cela avec autorité, et je souris, bien entendu, qui sait où nous serons dans un mois, peut-être tu me verras en uniforme d'infirmière, et toi en costume Kaki et le chapeau de scout au garde à vous, l'épée au côté! Tout cela n'est pas très rigolo, j'oublie la politique en travaillant, et ma commande quoique *sûre* suit le cours des évènements, demain je suis convoquée rue de Valois, je verrai... Je travaille avec Lucette, et Renée Regodias, ce buste ne vient pas mal, et je veux maintenant faire quelques bustes comme je les sens. On a eu la visite d'Hubacher, il ne connaissait pas ma sculpture, et je puis sans modestie t'écrire qu'il était très excité et très emballé; le matin nous étions allés tous deux voir Despiau, qui lui a dit que je faisais une sculpture remarquable, et un tas de choses enrubannés de ce genre. Tu sais, je t'écris cela pour te dire que les encouragements ne manquent pas. Mais que plus je vais, plus je me bats avec l'argent, et que je soupire quand le chèque de la statue arrivera, alors tu peux croire que la bouteille de Cinzano y passera avec délice. (J'espère que tu seras là.) L'atelier est d'un calme plat, ton prof est devenu d'une sagesse qu'Esmeralda a eu peur de sortir de ma garrigue et le phono reste coik. Mais peut-être ce n'est pas mal pour »œuvrer«, enfin on verra. Jeudi je commence une jeune fille du monde! Ronde, et blonde, le *buste*. J'expose en Amérique et je suis décidée à faire de petites sculptures pour faire un ensemble plus tard. Alors, écoute, j'ai à écrire un mot à ta Présidente, j'aimerais que tu m'écrives un peu longuement tout ce que tu fais.

Va voir Beni et embrasse-le. Embrasse aussi tes chers parents que j'aime, et toi, ma fille spirituelle et endiablée, toute mon affection et mes baisers, ma chère, boursière de la ville de Zurich. Achetée de la Ville et de l'Etat.

ton Blumenthal
G. Richier

[Zürich, 1939]

Chère Maine,
Merci beaucoup pour votre lettre. Si vous saviez comme je me réjouis de revenir un peu à Paris! J'en ai assez de Zürich et de mon atelier solitaire, et de ce quartier emmerdant, enfin de tout. Il me semble que rien n'avance et j'aurais besoin d'un jour de grands pleurs! Je n'ai qu'une peur, c'est que cette sale politique m'empêchera encore d'aller à Paris. Mais dans ce cas on ne pourra quand même plus penser à faire de la sculpture!

Ma commande pour Fischer (fis) à l'exposition (la femme au chapeau) est tombée à l'eau. C'est-à-dire c'est lui qui ne l'a pas eue, et moi non plus alors. Tout le monde travaille fièvreusement pour l'exposition et je me sens comme une idiote entre ces gens. Mais ce sont surtout des »Grafiker« dont on a besoin.

Mon modèle pour le nu m'a plaquée depuis un mois et j'ai dû la mouler dans l'état où elle était, sans tête. J'avais fait une tête, et puis je voyais au dernier moment qu'elle était trop grosse, j'ai essayé d'en faire une autre, mais elle était tellement mauvaise que je l'ai coupée. Il y a un vague espoir que ce modèle revienne cet été, alors je pourrais lui faire une tête en plastiline, ou faire un estampage, si elle revient plus longtemps, car j'aurais besoin d'y travailler partout. Je verrai.

Maintenant je ne travaille plus qu'aux bustes. Je crois qu'avec 2 séances je pourrai arrêter le buste de mon père. Je crois que je vous ai déjà écrit ça à Noël. Je le croyais alors. Mais ce n'était pas vrai. Au lieu d'avancer il devenait de plus en plus mauvais. Mais je crois que j'ai pu le sauver. Il me semble qu'il a repris de la vie.

Je vais travailler un peu le crâne et les oreilles et je l'arrête. Le buste de la cantatrice est dans la mauvaise période, mais j'espère qu'en travaillant intensément je pourrai le tirer de là et faire un peu comme je le voudrais. Il est très difficile, parce que tout est tellement tendu et rond. Quant à ma pierre, il y a encore d'autres difficultés. Le point du nez est trop enfoncé (et c'est Hunziker qui me l'avais pris!) et ça m'oblige d'enfoncer partout.

Je vais arrêter cette lamentation, je voulais seulement vous montrer combien je suis »mûre« pour Paris. Il y aura tellement de choses à voir à l'atelier. Yvonne que je ne connais pas encore dans son état final, Lucette et vos bustes. Tous les jours je prends du grain en regardant votre buste de la vieille femme, et je l'aime de plus en plus. Ça m'étonne pas que Hubacher ait été emballé de votre sculpture et que Despiau ait fait des louanges. Quand on a été 1 an presque seul à Zürich, on le comprend 100 fois plus, ce que vous avez et vous savez.

Maintenant encore des excuses pour le paquet de chocolat riquiqui, mais c'était le vendredi saint, tous les magasins étaient fermés, même les boulangeries. J'ai dû l'acheter au Kiosk où il n'y avait pas trop de choix (en bittra)!

Mme Gsell est venue me voir à l'atelier. Elle était très gentille et très très emballée de vous et votre enseignement. Une qui voudrait vous voir d'avantage à Zürich c'est Cornelia. Maintenant elle est partie pour Amsterdam voir son ami, mais avant elle avait un peu une crise et elle m'a dit il n'y a personne à Zürich avec qui on peut parler, s'il n'y avait Germaine. »C'est terrible qu'elle n'est jamais là, cette femme, c'est fou, l'atmosphère qu'elle a!« Je m'arrête parce qu'on se verra bientôt, si vous venez en mai, et puis je partirai avec vous à Paris.

Je vous embrasse
Hildi

J'ai vu Yvonne 2 fois au Cinéma, elle languit de Paris et de vous et se sent tout dépaysée. Elle va me faire une blouse. Bien des choses pour Beni et pour Mme Bruneton.

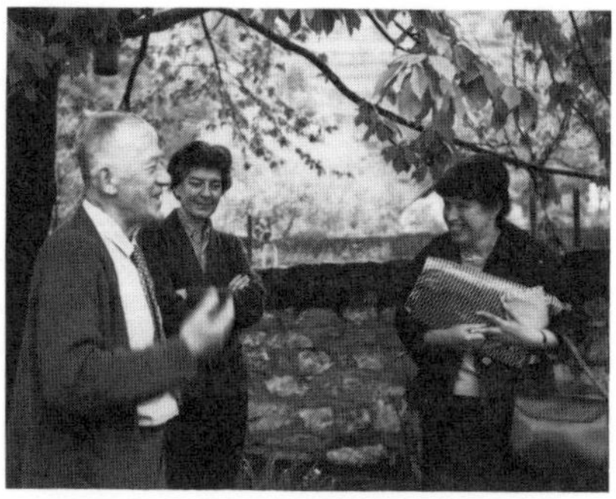

Besuch bei Oskar Kokoschka, ca. 1960

[Zürich, 17. Mai 1946]

Chère Maine,
Voilà bientôt un mois que tu es partie, et je n'ai pas encore écrit! 10 fois par jour je vois des femmes dans la rue qui te ressemblent vaguement et je veux leur faire signe, et au même moment je me rappelle que tu n'es plus là. Au fond je ne l'ai pas encore réalisé tout à fait. L'autre jour j'ai rêvé

que tu venais me voir dans mon ancien atelier à Römerhof en me portant de la vaisselle (tu vois, même ta grand-mère vient dans mes rêves!) et tu me disais: »je suis rentrée de Paris, je ne peux pas y rester, tout est bleu marine là-bas. Quand on touche quelque chose, on devient bleu marine.« Et puis tu me disais »on pourrait faire une petite chose ensemble (en prononçant bien les »e« muets). Qu'est-ce que tu en penses?« Ce que j'en pense! Je serais bien d'accord! Mais je pense que tu vois Paris plutôt rose que bleu marine et que tu feras »la petite chose« sans moi!

Aujourd'hui j'étais au Kunsthaus, et la première chose que je vois, c'est ton Alexandra. Est-ce que tu l'avais vue placée avant ton départ? Elle est dans le corridor, tout de suite en montant à droite (là où il y avait le Stüdli) et fait *très très* bien. J'étais ravie de la voir, car hier, par un hasard, j'ai pu contempler la vraie Alexandra toute une soirée. Elle était assise en face de moi au concert de Cortot, et ça me faisait envie de revoir ton buste. Tu vois, je peux aller où je veux, partout je te trouve!

Quant à moi, je suis toujours ravie de mon bel atelier et je crois que j'ai assez bien travaillé jusqu'à présent. Henriette vient 3 fois par semaine et peut-être d'avantage plus tard. Et puis, il y a Simone qui va mieux et pense revenir bientôt. Je suis bien contente, comme ça mes finances vont aller mieux peu à peu.

Puis il y a autre chose. Hier, Hubacher m'a téléphoné pour que je lui envoie une photo de Huber par express à Zug où il avait une séance avec la commission l'après-midi même. Heureusement j'en avais une, seulement elle n'est pas très bonne et j'aurais préféré qu'il vienne dans mon atelier pour voir le buste ou si j'avais eu le temps de faire faire une meilleure photo. Enfin je suis ravie qu'il y ait pensé et j'espère qu'il y aura un résultat, mais on n'en sait rien du tout, car il m'a bien dit qu'il ne peut rien garantir et je comprends. Si ça se fera, c'est aussi grâce à toi, comme tant d'autres choses.

Je vois de temps en temps Vreny et Hugo et nous parlons de nos difficultés sculpturales qui ne manquent pas. Aussi j'ai vu Cornelia et nous avons dessiné un soir ensemble.

Beni m'a dit que tu n'as pas encore commencé la sculpture mais je pense que tu vas t'y mettre bientôt avec un élan violant. J'espère que tu me tiendras un peu au courant de tes projets et de la vie à Paris que je puisse renifler de loin au moins un peu d'air de Paris et prendre de la graine. Je n'ai pas su te raconter beaucoup, car je suis sortie rarement depuis que tu es partie et j'étais presque toute la journée à l'atelier. Ecris-moi quand même. Je t'embrasse

Hildi

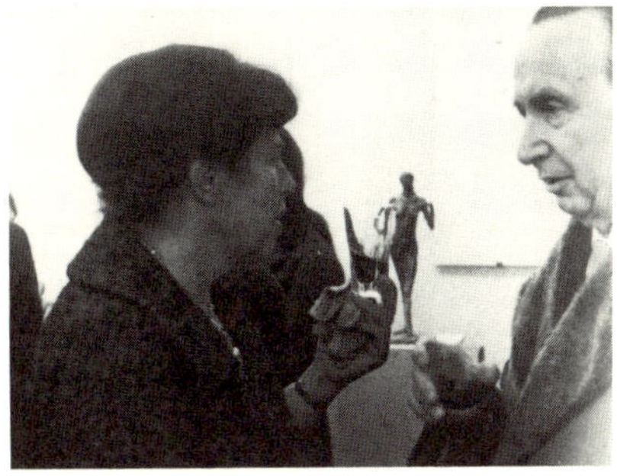

Hildi Hess mit Otto Bänninger an ihrer ersten Einzelausstellung in der Galerie Daniel Keel, Zürich, 1961

[Florenz, 1947]

Chère Maine,
Tu ne peux pas savoir la joie que j'ai eue quand j'ai vu ton écriture sur la table de la concierge! Merci beaucoup pour cette lettre à cœur si inattendue! J'ai voulu t'écrire maintes fois, mais le temps a passé si vite, je ne sais comment!

J'ai passé des semaines magnifiques ici à Florence et j'ai connu des tas de gens sympathiques! Je suis toute triste de quitter tout ça! Mais il faut que je me remette au travail sérieusement car je n'ai rien fait ici! Ne m'engueule pas, j'ai travaillé mais je n'arrivais pas à me concentrer! Tu sais, l'air d'Italie! Il y a tant d'impressions nouvelles, tant de beautés à voir. J'étais dans une grande confusion. Quand enfin on commence à se mettre dans l'atmosphère, il faut partir! Mais je crois que ça va venir à Zürich!

Je suis allée voir Robert et Denise à Gênes dans leur nouvelle demeure au port, belle et pleine de goût comme toujours. Je n'ai pas vu ses dernières sculptures (celles que tu avais vues à Morges), elles étaient encore en voyage, mais quelques beaux dessins. Du reste, nous nous sommes beaucoup disputés, Robert était d'une humeur massacrante. C'est seulement le dernier jour que nous avons fait la paix; il m'a parlé de ses nouvelles idées dans l'art et dans la vie et je lui ai fait des confidences de Florence et nous nous sommes séparés bons amis!

Je voudrais bien connaître »les folles images« que t'a inspirées la Tamise et qui feraient rire Robert. Enfin je voudrais te voir, entendre de ton exposition, te raconter de l'Italie, te parler! Normalement je voulais rester jusqu'au 15 nov. mais je tâcherai d'être de retour le 10. Je ne suis pas encore tout à fait sûre. Je t'enverrai une carte quand c'est définitif.

Je t'embrasse
Hildi

[Paris, 9. Januar 1950]

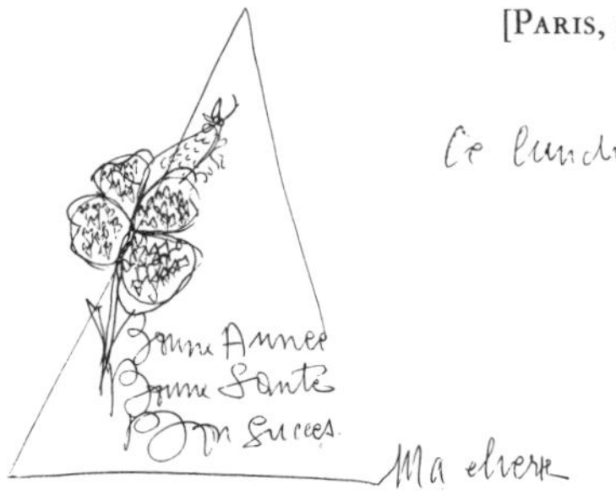

Merci de tout cœur pour ton beau mouchoir, chaque pour une petite larme, de joie, de plaisir, de déconvenue, c'est la vie! Je t'ai lue avec un grand amour, si heureuse de voir ton écriture et plus encore de ce que tu m'annonces au sujet de la vente.

Bravo, cela a dû te donner le sourire et la confiance en la nouvelle année, tu le mérites, et tu vas voir que plus cela ira, plus tu t'*imposeras*.

Je souris en écrivant cela, car le mot, *il est vrai,* n'appartient pas à mon dictionnaire. Ma forte personnalité n'a pas encore imprimé un Larousse à sa taille, je le regrette, pour les pauvres petites créatures faibles et sans armes qui ont peur d'être croquées!

En cette nouvelle année je prends la décision de passer dans le camp serein où on ne parlera plus sculpture, mais de fleurs, d'astres, et d'amour. Et dans ma cour des miracles, je conseillerai à ma petite personne de concentrer plus que jamais ce que je me souhaiterai d'être et de faire. Pourquoi se diluer? Je vous aime tous, mes élèves-amis, comme la vie même. Vous êtes les trois ou quatre individus le plus près de moi, si par hasard j'empiète sur la bordure qui est entre l'artiste, vous et moi, qui a plus de droit de le faire? Celui qui donne le cœur, le conseil, est toujours un peu stupide. Egoistement, on a tant à faire avec soi-même qu'il serait bon d'observer la consigne. Quand je vais chez un confrère, je suis *muette*.

Et voilà pourquoi à toi, ma chérie, je devais faire ce petit discours, parce que je crois tu es l'aînée, et que tu es surtout la vieille amie que j'aime. Je viens de terminer ma grande figure. Rudier la coule en bronze, la feuille aussi. Le diabolo je termine, je veux si c'est possible refaire une série de bustes, visage humain me préoccupe beaucoup. On pourrait peut-être arriver à faire une fois un beau buste solu et indépendant.

Voilà, j'espère que ta maman va bien. Embrasse la de ma part. Et tous mes bons vœux pour toi, mille tendresses

de ta Maine

Ecris-moi un peu quels sont tes projets de sculpture, et un peu de ta vie artistique et amoureuse.

[Paris, 1951]

Ma chérie

Une mauvaise plume. Mais par retour du courrier ma belle amie aimée et aimante recevra ce petit mot.

J'avais su tous tes déboires avec ta sculpture, question transport et moulage, bien entendu, j'ai dit tout haut que cela ne m'étonnait pas, mais tout bas, je t'assure que cela arrive et peut arriver encore beaucoup plus pire. Donc, ne te tourmente pas, une expérience de plus; je me rappelle que le buste de vieille femme vendu a eu l'honneur de la casse.

Donc bref, tu travailles, tu te portes bien, et peut-être es-tu en train de jeter le bonnet par-dessus les moulins. Ne sois pas tourmentée, et fais ce *que tu veux*. Ce que tu fais aura toujours de la qualité, même si c'était une folie. En amour les folies sont logiques; une seule chose: ne te prépare aucune déception pour plus tard, si possible. Même là je te dirai qu'une déception est préférable à l'ennui. Si possible que ton aventure reste secrète, mais je te le répète, surtout sens toi *libre,* et tu as le droit de *perdre du temps,* tu as le droit d'être heureuse, tu ne saurais croire ce que la vie que l'on prend ou vole au dehors nous fortifie, et nous exalte.

Je te demande au sujet du modèle de la laisser, le plus possible, à Beni, surtout en ce moment. C'est un service que je te demande. Le 20 je serai à Zurich, je dois y être. J'arrivera vers le 18 mais n'en parle pas.

Mon livre de Rimbaud me plaît. Ce ne sont pas de ces gravures-là que je voulais te parler. Dans ce livre, j'y vois toutes les erreurs, et les qualités aussi, j'aimerais qu'on le vende vite pour montrer à Gonin que c'est aussi commercial, ce qui l'intéresse lui.

Voilà, chérie, une petite lettre. Je t'embrasse très fort comme je t'aime de tout cœur

ta Maine
et à bientôt

Bien des amitiés de René

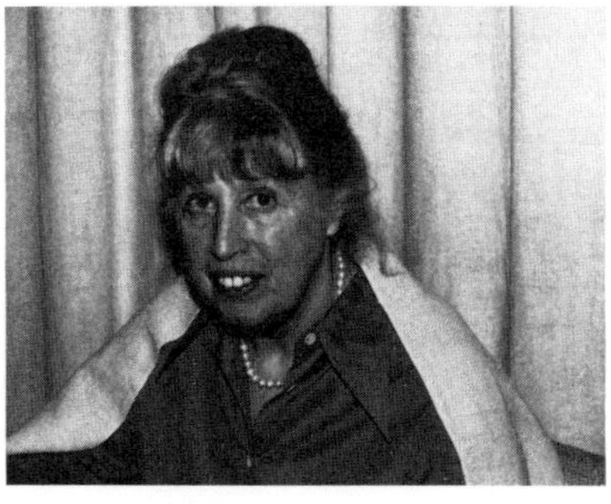

Hildi Hess, ca. 1965

[PARIS, 17. JANUAR 1952]

Ma chérie,

J'attends tous les jours mon argent, l'état me l'a annoncé, il doit arriver d'ici 1 ou 2 semaines! Que dois-tu penser de moi, bien entendu que je suis une grande fumiste, ingrate et plus encore. Ecoute, Wenger a un Rimbaud et un Ponge. Je ne sais si il a vendu l'un ou l'autre ou rien du tout, si oui, je lui ai écrit de te donner l'argent. D'autre part, si Robert le peut, il pourrait te dépanner et moi, maintenant que je suis sûre de recevoir le Diabolo, je le lui *rendrai*. Je suis vraiment dégoûtée qu'il soit toujours question de finances. Mais vraiment le pays est mal organisé si tu penses que rien ne se paye. Depuis 7 mois l'état a acheté le Diabolo, et seulement maintenant il parle d'en payer une partie. J'ai l'espoir de vendre une 2ème sculpture à Sao Paulo. L'ambassade m'a demandé de baisser le prix, ce que j'ai fait immédiatement comme tu le penses, mais le prix n'est pas encore là. Et puis ajouter à cela 3 semaines en Suisse avec un moral très mauvais, et vraiment en menant une vie modeste (mon hôtelier m'a fait cadeau de l'hôtel, en me disant que c'était un grand honneur pour lui de me recevoir); il n'y a vraiment qu'en Suisse que cela arrive, et il y a aussi en Suisse des gens généreux car, ceci dit entre nous, j'en connais qui vraiment ne le sont pas! Bref, tout ceci c'est pour te dire le climat. D'autre part mes dents terminées, polies et lumineuses, je suis rentrée, décidée à vraiment me foutre de tout, sauf de la sculpture. En ce moment j'organise l'atelier des élèves qui sera aussi un de mes ateliers, et une soupente que tu pourras venir bientôt t'y abriter avec ton étoile. Comment vas-tu ma chérie? J'espère très bien. Que ton cœur magnifique te gonfle de plaisir et de bonheur. Le tout beau, tu l'as mérité. Ne te laisse pas intimider par notre sculpteur tondu, lui en amour est un homme libre, alors pas d'ironie.

Que fait ton travail? Les élèves? As-tu vu Beni? Ecris-moi un peu longuement. J'ai laissé avec toi à Zurich ce que j'ai de meilleur, alors dévoue-toi. Et raconte-moi *tout*. Un peu simplement, et franchement. Ne crois pas que ce soit de la curiosité, c'est de l'intérêt personnel que je te porte.

La figure en plomb est arrivée hier. Je crois que c'est pas mal; le Donquichotte est parti à la fonte.

J'ai recommencé de nouvelles sculptures que je serai ravie de te montrer quand elles seront faites.

As-tu entendu dire quelque chose sur le livre? Bon ou mauvais, j'attends que tu me l'écrives.

Mille tendresses, chérie, je t'embrasse comme je t'aime

ta Maine

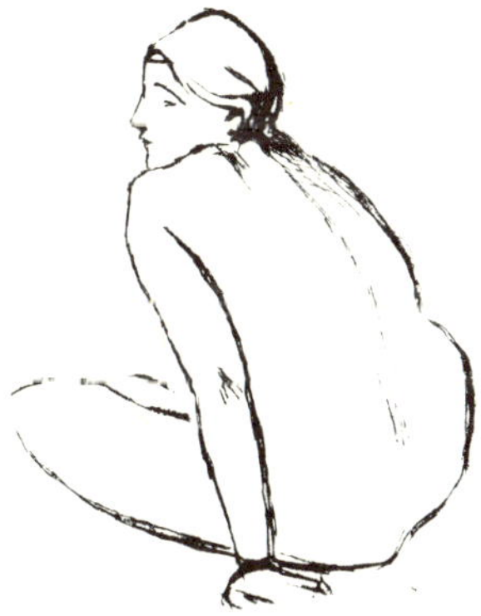

Ausstellungen

1950 Galerie Wolfensberger, Zürich
(zusammen mit Yoshida Früh)

1961 Galerie Daniel Keel, Zürich

1963 Galerie Orell Füssli, Zürich
(zusammen mit Anny Meißer)

1963 Galerie Augusta Schleich, Lindau ZH
(zusammen mit Viktor Aerni)

1967 Galerie Weinfelden, Weinfelden
(zusammen mit Emil Haefelin)

1968 Galerie Daniel Keel, Zürich
(zusammen mit Karl Madritsch)

1971 Klubschule, Zürich
(zusammen mit Ernst Leu)

1972 Galerie zum Elephanten, Zurzach
(zusammen mit Walter Kerker)

1974 Galerie zum Elephanten, Zurzach
(zusammen mit Albert Pfister)

1974 Galerie »Zur alten Kanzlei«, Zofingen
(zusammen mit August Frey)

1975 Galerie »am Platz«, Eglisau
(zusammen mit Heini Waser)

1976 Galerie Daniel Keel, Zürich
(zusammen mit Karl Madritsch)

1976 Galerie Orell Füssli, Zürich
(zusammen mit Karl Madritsch)

1980 Galerie »am See«, Brunnen
(zusammen mit Gottlieb Kurfiss)

1981 Kunstsalon Wolfensberger, Zürich
(zusammen mit Oscar Dalvit)

1982 Galerie »Noëlle«, Uster
(zusammen mit Hugo Imfeld)

1982 Galerie Richard Haller, Zofingen
(zusammen mit August Frey)

1983 Galerie im Hof, Rüschlikon
(zusammen mit Armin Müller)

1983 Galerie Paul Lüdin, Basel
(zusammen mit Karl Madritsch)

1984 Städtische Galerie zum Strauhof, Zürich
(zusammen mit Hans Erhardt)

1985 Galerie Käthy Steinke, Wangen an der Aare
(zusammen mit Oscar Barblan)

1986 Galerie Vogtei, Herrliberg
(zusammen mit Karl Landolt)

1987 Bank Neumünster, Zürich

1988 Galerie Farb, Worb bei Bern
(zusammen mit Edna Lundskog)

1989 Galerie »am Platz«, Eglisau
(zusammen mit Walter Sautter)

1991 Galerie Vita, Zürich
(zusammen mit Erica Schmid)

Teilnahme an Gruppenausstellungen

1935 Salon des Tuileries, Paris

1936 Salon d'Automne, Paris

1936–1956 Schweizerische Nationale Kunstausstellungen: Bern 1936, Luzern 1941, Genf 1946, Bern 1951, Basel 1956

Seit 1937 Als Mitglied der G. S. M. B. K. Teilnahme an fast allen Ausstellungen der Gesellschaft und an mehreren Ausstellungen der G. S. M. B. A.

1939 Riverside Museum, New York *(International Women Painters, Sculptors and Gravers)*

1939 Schweizerische Landesausstellung, Zürich *(Zeichnen, Malen, Formen; Kunsthaus)*

1942 Kunsthaus, Zürich *(Die junge Schweiz)*

Seit 1945 Teilnahme an fast allen Ausstellungen im Helmhaus, Zürich *(Zürcher Künstler im Helmhaus)*

1946 Helmhaus, Zürich *(Die Frau als Schöpferin und Bewahrerin von Kunstgut)*

1951 Kunstmuseum, Winterthur *(Plastiksammlung Werner Bär)*

1954 Schweizer Plastikausstellung im Freien, Biel

1955 Muraltengut, Zürich *(Kunst und Sport)*

1957 Graphische Sammlung ETH, Zürich *(Schweizer Bildhauerzeichnungen)*

1958 Helmhaus, Zürich *(Zürcher Künstlerinnen)*

1958 Schweizer Plastikausstellung im Freien, Biel

1958 Saffa, Zürich

1958 Kunstmuseum, Bern *(Schweizer Bildhauerzeichnungen)*

1960 Florenz *(Premio Fiorentino »Piccolo Bronzo«)*

Seit 1960 Teilnahme an fast allen Ausstellungen im Stadthaus, Zürich *(Zürcher Künstler im Helmhaus)*

1964 Schweizerische Landesausstellung (Expo), Lausanne

1965 Brüssel *(Les Arts en Europe)*

1966 Kunsthalle, Basel *(Zürcher Künstler)*

1970 Magglingen *(Bewegung und Skulptur)*

1970 Helmhaus, Zürich *(Kunst und Schmuck an öffentlichen Bauten von 1960–1970)*

1971 Strasbourg *(Artistes Zurichois figuratifs)*

1971 Städtische Kunstkammer »Zum Strauhof«, Zürich *(Zürcher Zeichner)*

1972 Helmhaus/Kunsthaus/Kunstgewerbemuseum, Zürich *(Zürcher Künstler im Helmhaus)*

1973 West-Berlin (G. E. D. O. K.)

1973 Jerusalem *(Zurich Artists)*

1974 Städtische Kunstkammer »Zum Strauhof«, Zürich *(Bildhauer* II)

1975 Zollikerberg *(Kunstausstellung Zollikon)*

1976 Helmhaus/Kunstgewerbemuseum/Kunsthaus, Zürich *(Kunstszene Zürich)*

1977 Städtische Kunstkammer »Zum Strauhof«, Zürich *(Der Mensch – Vorbild, Abbild, Deformation, Karikatur)*

1977 Galerie Commercio, Zürich *(Zirkus)*

1979 Kunstgewerbemuseum/Helmhaus/Kunsthaus, Zürich *(Kunstszene Zürich)*

1979 Galerie Wolfensberger, Zürich *(Kinder in der Schweizer Kunst)*

1979 Affoltern am Albis *(Ämtler Künstler)*

1979 Galerie Orell Füssli, Zürich (Jubiläumsausstellung *35 Jahre Galerie Orell Füssli)*

1984 Berowergut Riehen, Basel *(Zirkus)*

1989 Altes Schützenhaus, Zofingen *(Gedenkausstellung Richard Haller)*

1990 Helmhaus, Zürich *(Zürcher Künstlerinnen)*

Werke von Hildi Hess gehören zum Bestand der Museen von Aarau, Le Locle, Luzern und des Kunsthauses Zürich.

Auszeichnungen

1939 Bundesstipendium

1944 Bundesstipendium

1950 Stiftung »Pro Arte«

1952 Studienbeitrag aus dem Kredit zur Förderung der Kunst der Stadt Zürich

1954 C. F. Meyer Preis

1956 Studienbeitrag aus dem Kredit zur Förderung der Kunst der Stadt Zürich

1965 Médaille de vermeil, Brüssel

1966 Ehrengabe aus dem Kunstkredit des Kantons Zürich

1971 Werkbeitrag des Kantons Zürich

1987 »Goldmedaille für ihre Werke in Verbindung mit dem Sport«